联合策划

商业的逻辑

正和岛智库揭秘新经济大趋势

蓝妹妹静若　王荣敏◎主编

图书在版编目(CIP)数据

商业的逻辑：正和岛智库揭秘新经济大趋势 / 蓝妹妹静若，王荣敏主编. -- 北京：北京联合出版公司，2017.8

ISBN 978-7-5596-0109-4

Ⅰ.①商… Ⅱ.①蓝… ②王… Ⅲ.①企业管理－研究 Ⅳ.①F272

中国版本图书馆CIP数据核字(2017)第079494号

商业的逻辑：正和岛智库揭秘新经济大趋势
作　　者：蓝妹妹静若 王荣敏
选题策划：北京时代光华图书有限公司
策划编辑：商金龙
责任编辑：丰雪飞
封面设计：今亮后声
版式设计：田　松

北京联合出版公司出版
（北京市西城区德外大街83号楼9层 100088）
北京市十月印刷有限公司印刷 新华书店经销
字数180千字　787毫米×1092毫米　1/16　12.75印张
2017年8月第1版　2017年8月第1次印刷
ISBN 978-7-5596-0109-4
定价：68.00元

| 序 |

管理的本质在于行

彼得·德鲁克精辟地阐述了管理的本质:“管理是一种实践,其本质不在于知,而在于行;其验证不在于逻辑,而在于成果;其唯一的权威性就是成就。” 的确如此,我们始终可以受益于那些引领管理实践变化并创造出无数价值的经典研究成果:泰勒的科学管理原理解决了劳动效率最大化的问题;韦伯的行政组织与法约尔的管理原则解决了组织效率最大化的问题;赫茨伯格的双因素理论解决了激励与满足感之间的关系问题;波特的竞争战略解决了如何获得企业竞争优势的问题;德鲁克让我们了解到知识型员工的问题。这些经久的研究,正是基于对管理实践中重大问题的提炼,与西方企业有效的互动,推动着西方管理实践的高速发展。

从这个意义上讲,在近百年的管理实践中,不管外界环境如何变迁,科学技术生产力如何发展,管理大师在那些经典研究成果中所提出来的管理问题依然存在,他们所总结的管理经验依然有益,他们所研究的管理逻辑依然普遍,他们创造的管理方法依然有效。而这一切首先基于这些研究都是面向管理实践的,其实践性的本质决定了这些研究对于管理实践活动的深刻洞察和归纳提炼,从而推动实践成效的提升。因此,实践性正是这些经典的管理研究成果的价值贡献的首要内涵。

管理一定是来源于实践的,没有管理实践的成效,我们无法真正获得管理经验的总结和理论。因此,当正和岛智库把这些案例访谈呈现在我的面前时,我真的眼前一亮,这些鲜活的企业实践,正是我们可以窥见价值、获得认知的基础。

我欣赏蓝妹妹带领的团队展开“企业家访谈企业家”的工作，用企业家对话企业家的方式走访、学习这些“案例企业”，从而获得最佳的案例素材，并能够深入到企业实践之中，感受内在的逻辑及框架，更由此而得知其背后的机理。更值得我学习的是他们所创新的研究案例的方式与方法，寻找出一条独特的案例研究之路，这样的努力难能可贵。

为了推动管理研究能够更好地贡献于实践，我们需要这样的努力，而真正的挑战是，如何在一系列的实践研究基础上寻找方法、工具与理论，并使其转化为管理者自己的智慧，帮助其在当下的环境中产生价值。直面中国管理实践，我们依旧需要回归到实践中，但是又要抽离出来，沉静地寻找方法论的意义；回归管理的本质，深刻地洞察那些基本的命题，让管理实践研究具备持久的生命力和价值。期待正和岛智库朝着这个方向，扎扎实实去做，从而贡献更多的价值。

陈春花

北京大学国家发展研究院教授

华南理工大学工商管理学院教授

回归常识，重构认知，
不忘初心，面向未来。

2016.12.1

目　录 Contents

Part 1 新商业逻辑

Part 2 新商业模式

Part 3 新商业方法

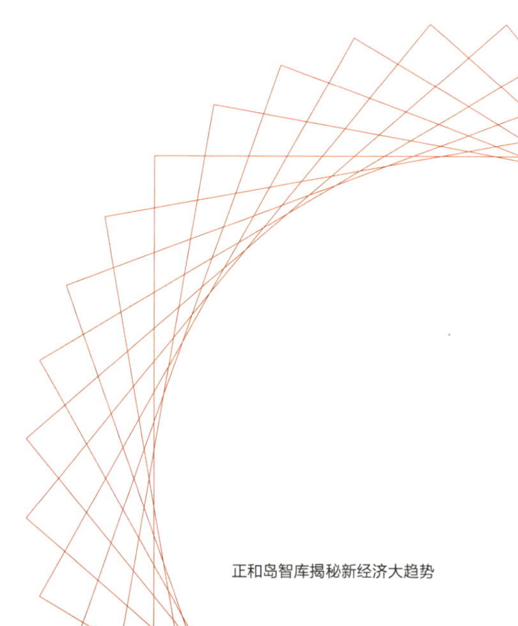

Part 1

新商业逻辑

“道”——依赖于企业家对不确定性的警觉和判断，更取决于企业家对“人性”的把握和理解。

联想柳传志

全球化其实就是找互补

识别二维码
观看高清视频

上集　下集

嘉宾导师

柳传志（联想集团董事局名誉主席）

访谈主持人

傅盛（猎豹移动 CEO）

访谈者手记

傅盛

我和柳总请教了很多，有关于商机的，有关于管人的，还有中国企业全球化进程中会遇到的问题，收获非常大，以下几点我觉得尤为重要。

我问大环境不好，企业该怎么办？柳总说，对于企业家来说，有挑战就有机遇，这是一定的。要看到当前国家遇到了什么问题，我们就能从这些问题中找到商机。

比如消费升级，包括医疗服务，还有生活方式的改善等方面，都是民企很大的机会。

我又问，现在很多企业都想全球化，这方面的机会又在哪里？柳总给出的回答是，其实现在大家都是在找互补，我有技术你有市场，那我们合作，不会再有那种“没有人在做，我来做”的机会出现了。

柳总还用他特有的睿智给我讲解了联想 30 多年来在企业文化、人才管理、人才激励等方面的经验与教训，我受益匪浅。

柳总讲，要志存高远，这个“志”就是信念，就是对事业的信心和坚持。

案例方法论

转型的巨大压力，大部分还是在国企的身上，机遇更多偏向了民企。

企业家都要在吃着碗里饭的时候，为锅里的饭做准备。

职业经理人只把碗里的饭吃干净，锅里的饭一点也不预备。

公司不是很大的时候，过早地拿出股权来激励是错误的。

过早拿股权激励去吸引别人，自己是吃亏的。因为你的股权对方根本不信，所以你可能要给人家很多。

能力很强的人也许会失去机会，但是他紧接着就会抓住第二个机会。他会拼了命地去找机会，逮住不放。

柳传志解读新商机

傅盛：现在，中国经济增长开始减速，您觉得这种商业环境的机会在哪里？

柳传志："有挑战就有机遇"这句老生常谈的话，对企业来说，是真真实实摆在眼前的事情。经济增长减速的一个重要原因是，国家在进行一些战略调整，向消费拉动经济的方向发展。其实，老百姓的需求越来越多，像衣食住行及医疗、养老等都有很多需求。这些方面仅靠国有企业来解决肯定是不行的。现在国家的政策包括金融政策已经开始有所调整。政策调整以后，其实就立刻给我们让出了巨大的空间，其中是有很大机遇的，尤其是对民营企业来说。转型的巨大压力，大部分还是在国企的身上，机遇更多偏向了民企。所以在乌镇开会，大家挺高兴的，因为习主席去了，这也是对民营企业本身的一种肯定。由此看来，民营企业的发展空间，其实还是很大的。

现在的全球化其实就是找互补

傅盛：联想收购了IBM，使其从一个区域品牌变成全球品牌。当前，像全球化这种机会与当时有哪些不同？

柳传志：现在的全球化要比联想收购IBM时简单得多。

首先，以前中国的企业是被人低看的，当企业去收购先进的东西时，人家的门槛立刻就会提得很高。说句难听的话，就像边远地区的朋友来收购北京的一家高科技公司，大家可能都会觉得这个你们懂吗？那时中国给海外也是这样的感觉。一些企业连续收购成功以后，中国的企业形象本身就有了很大的改变。

第二，已经总结出了一套经验，像收购以后怎么进行化学性整合，怎么进行物理性整合，大家都在总结经验，所以渐渐就会成功。

还有一条原因是，现在经常是被收购的那家企业是技术源头，而市场在中国，或者反过来，总之两家互补。这种互补情况越来越多，这真的是非常好的机会。

专注纵向发展，促进文化磨合

傅盛：联想当时为了收购IBM，塑造了一个齿轮文化，即一个中国人一个外国人搭配工作，再一个中国人一个外国人搭配工作，一方面可以传递文化，一方面保证他们的本地化。但是如果时光倒回去，我觉得这还是个很难的决定，在那个时候怎么会有这样的勇气和魄力？请您讲一下当时的心态和想法。

柳传志：企业家都要在吃着碗里饭的时候，为锅里的饭做准备，否则碗里的饭吃完怎么办？在2000年前后，杨元庆带领着联想集团开展PC部分的业务，国内市场已经居于绝对第一的位置，再往下发展就是两条路：一是相关多元化，从PC

到互联网，到软件做系统集成；另一个就是纵向发展，走向全世界。我曾经尝试横向的发展，但并不成功。三年以后就定下心来，方向更专注——走向全世界。当时IBM正好找上门来，希望我们能够把他们电脑这块业务并购了。

当时的并购，有三大风险：第一，产品品牌还会不会被承认；第二是员工风险，我们买的是公司和人，那这些人还会不会在这里干；第三，其实还是磨合问题——文化磨合，即中国人和外国人在一起，能不能很好地配合工作。在做出并购决定前，我们曾经非常纠结过这三个问题，有了很好的解决方案以后才下手。还有一点原因就是，在电脑这个市场上，我们在和国外企业竞争的时候，曾经反复地交战，所有的东西都研究透彻了才敢做。

董事会有强弱之分，决策方法各不同

傅盛：您当时预先做了什么样的安排呢？

柳传志：并购以前，我是联想集团的董事长，杨元庆是CEO。但是，当时的联想董事会是一个很弱势的董事会，主要的工作都由管理层管了。区分弱势和强势董事会主要看战略是董事会制定，还是董事会批准。如果是董事会批准，由管理层制定战略，这就是弱势的董事会。那时候我的主要精力，放在联想控股这边了，所以PC业务，主要是由元庆来负责制定战略，我们只是审批。当决定并购IBM的PC业务时，管理层积极性很高。但是从我代表的股东角度而言，还是很紧张的，董事会这边其实都是反对的，不敢并购，九死一生——甚至不止九死。宁可温水煮青蛙，也不愿意立刻就死。但是管理层态度还是非常坚决，我就提出重新考虑这个问题，并请了两家顾问公司，一个是高盛，一个是麦肯锡，他们都是主张可以收购的。

后来我开玩笑说，只要我们有了收购，反正你们都拿钱，你们当然同意了。他们先帮几个月的忙是不收钱的，但收购只要启动，就开始收钱了。所以到了要收钱的当口上做决定的时候，联想控股董事会是否决的，而集团的同事是想要做的。后来我做了这么一个决定，支付咨询公司的费用，但是并不下决心马上收购。虽然他们说可以收购，但是我们还是不放心，自己又付出了更多的人力去研究这件事，最后我们觉得这事是可以做的，同时也对可能遇到的问题都想到了解决方案。我就跟元庆谈，收购就是两个目标：一个是财务目标，收购以后，要有大的利润增长空间；第二是我们希望在五年左右的时间之后，变成中国人真正能当 CEO，能管理这个公司。

聘请外籍 CEO，但要“留一手”

柳传志：为什么不是由杨元庆马上出任 CEO？因为这样风险还是很大，我们在国内管理企业还可以，去领导国外的员工是不是能行，很难确定。所以，先让元庆来当董事长，请外国人当 CEO。我们在边上站着学五年左右的时间，其实就是给自己留了一手。但是国外的 CEO，实际上是职业经理人，有着天生的缺陷——他会把临时性的东西——利润、股价等看得很重，而长远的布局，就坚决不肯做了。只把碗里的饭吃干净，锅里的饭一点也不预备。

后来，果然出问题了，CEO 为了短期利益，不愿意执行董事会的决议。正好在这个时候，金融危机出现，我们就把原来那个 CEO 换了，由杨元庆来做，我来当董事长帮助他。

国际版"搭班子"，文化最关键

柳传志：其实业务上的事我是一概没管，我主要是帮杨元庆建好一个中国人跟国际人士配合得好的班子，还有一点就是建立好企业文化，这两件事其实费了些时间，费了些功夫。关于品牌，后来美国政府、军队提出说，不能买中国人的某些机器，但数量占的比重不大。员工更不会散，我们去了以后，业务好了，收入涨了，也更人性了——更以人为本。其中关键还是文化，文化磨合也确实是个问题，因为外国人的想法，跟中国人的想法，在处理方式上有很多地方不太一样，生硬地去解决问题，可能就会发生比较大的尖锐矛盾，所以要能够换位思考，要柔和一点。后来，整个公司就真的发生了根本性的改变。现在联想 70% 的收入在海外，大部分利润也在海外，但是没有派一个人到欧洲、美国去当 CEO。总领导是我们，然后某个纵向领域的领导有中国人，但哪个区域的市场没有具体划分，而外国人的市场中国人是 CEO，这种情况是没有先例的。但是文化是一致的，战略是一致的。

傅盛：对您刚才讲的那番话，我自己也在不断地反思和学习，觉得联想是通过国际化使规模上了一个台阶，我看整个联想的思路是先保证生存。

股权不是什么时候都好用

傅盛：对于一个企业来说，在各个时期怎么激励员工比较合适？

柳传志：创始人本身要注意几件事。第一件就是，在公司不是很大，下属都很有信心的时候，过早拿股权激励去吸引下属，公司是吃亏的。因为你这时的股权人家根本不信，所以你可能要给人家很多。我所知道的一位创业者就是如此，因为不肯给人家现金，给出了很多股份，到后来他自己的股份就变成了很小的一部分，别人反而更多，结果弄得这个企业最后分裂。所以，早期还不如多给点钱。为什么呢？因为，你认为成功很有把握，别人未必那么想。如果现实情况允许的话，最好还是现金兑现。等股权有了明确的价值或者你让大家都有了信心以后，股权才最值钱，你再给他们期权，或者是让他们来买股权。所以宁可让投资的人多给你些钱，使得你的钱能稍微富余一点，可以给下边人的多点现金，然后到一定程度，大家都相信你、股权很珍贵的时候，再往下分股权。

傅盛：这个错我也犯过。

桌子大的饼你完全拥有，也就桌子那么大

柳传志：你应该尽量地让投资人明白，只有让员工有了利益，或者让他们真的有了主人的感觉以后，企业才能做得大，你们财务的回报才能更高。很多财务投资者，舍不得给能干的人股权，我们联想反而看得比较明白。科学院作为一个股东，当年投资 20 万元的时候，是一个 100% 的饼，如果它不让出 35%，那饼大概也就能做得像桌子面这么大；它让出了 35%，我就能把饼做成像房间那么大。所以投资人如果真的有心，就要学会算大账。所以如何选投资者，其实也挺重要，不是只看谁给的钱多，就让谁进来。

人的能力和机会哪个更重要

傅盛：对于一个企业家，是自己的决心和能力更重要，还是机会更重要？

柳传志：我自己觉得，还是人本身更重要。因为人会根据自己的追求、

意志力和能力，判断机会会不会流失，一个能力很强的人也许会失去机会，但是他紧接着就会抓住第二个机会，会拼了命地去找机会，逮住不放。而对有些人来说，机会到了手里，没有能力就可能会浪费了。所以说还是人的能力更重要。

柳传志的苹果，是个什么故事？

柳传志：我觉得人与人之间的差别也很重要。比如，所谓有能力的人，能否把企业做好，要从两个方面去看：第一是战略制定是否最合适，第二是执行力够不够强。打个比方说，河对岸有一棵苹果树，你看好了，然后要去摘那个苹果，于是想法搭了一座桥，千辛万苦地过去了，把苹果摘下来了。这就表明你的执行力很强。然而实际上是这样吗？如果没去摘苹果以前，就认真扫视四周的话，会发现不用过河，不远处就有一棵更大的苹果树。这就说明战略有时比执行力更重要，在某些方面会让你的企业利益和发展空间更大。但如果没有执行力，在身边即使有棵苹果树，也拿不到手。

所以战略与执行应该是相互配合的。相对来说，战略制定对企业发展空间的影响更重要，所以还是要认真先想清楚方向再去做。比如，现在随着国家越来越成熟，国际化程度越来越高，认为“这个行业很好，别人没做过，是我发现的”，这种情况越来越少。多数人都是在一个中等的、时好时坏的行业里，不同的人会做出不同的结果。未必说学历多高或者说其他方面多优秀的人，就比你更适合，事实证明并不是这样。

导师说 ___ 柳传志

联想能够走到今天，靠的是什么？我的答案是“人”，尤其是企业的领军人。一个企业能做多大，关键就是它的领军人。典型的例子是乔布斯，你看他把苹果做得多好。惠普则是另一个典型，它曾经是多么辉煌，我们的很多管理理念都是跟它学的，但后来却因为领军人调整而走向了衰落，实在令人痛心。

回过头来看，与联想同时期创立的那批企业中，大部分都倒下了，只有一小部分存活下来。那些存活下来的企业，其共同特征之一是创始人都有远大的理想、宽广的胸怀，走正道、讲诚信，抄“捷径”、煽乎的少，我认为这就是境界。华为的任正非、海尔的张瑞敏、万向的鲁冠球，都属于有境界的人。有境界不是成功的充分条件，却是必要条件。

我的办公室里有一幅书法作品，上书“弘毅”二字，语出《论语·泰伯》：“士不可以不弘毅，任重而道远。”我以此来激励联想现在和未来的领军人，也希望中国出现更多有境界的、卓越的企业家带领中国的企业基业长青，使之成为有影响力的世界级企业。

东软刘积仁
企业家一定要懂的商业逻辑
识别二维码
观看高清视频

嘉宾导师
刘积仁（东软集团董事长）

访谈主持人
张代理（红领集团董事长）

访谈者手记

张代理

东软最难能可贵的一点是在“变”——不停地“变”，紧紧跟随时代的步伐，却不忘初心，一直在这个行业中深耕细作，在互联网和房地产那么热的时候也没有动摇。因为东软的企业定位不在于赚多少钱，而在于可持续发展，这是对人类、对未来最有价值的。做企业一定要设定一个底线——把一件事情做好了就足够了。到现在我们的生活几乎已经离不开东软，可见东软做的是多么了不起的事情。

而且，我们经营企业的人一定要知道：当一个市场大家都往里面进的时候，就该退出了。大家都觉得不好的时机，要研究它为什么不好，可不可以进入。

我经营红领这个企业三十年了。2013 年以前红领开始转型，做个性化定制。所有人都说我是精神病，觉得不可思议。当别人都觉得不可能时，就是机会来临了，这么多年走过来，事实已经充分说明了这一点。在中国，华为做得非常好，海尔张瑞敏也是很用心地在做企业，都是跟着时代在变，每一次转型实际上都是在和自己做斗争。我们做企业，实际上最大的敌人并不是别人，而是自己。今天这些过得不好的人，大部分原因是自己造成的——自己没管好自己造成的。就像刘积仁所说：“如果你连自己都管不好，你还能管好别人、管好企业吗？”

案例方法论

企业首先对战略方向选择和发展前途要有准确的判断，这个判断不是单纯来自投资回报，而是取决于这个行业究竟能走多远。

从企业战略方向考量，我们相信在行业内深耕细作更有持续性。

你的弱点，有可能就是你的竞争力或者机会所在。

冒险的时候要有降落伞、防弹衣，这是东软在过去二十几年间一直坚守的原则。

企业经营的"变"与"不变"

张代理：东软到今天已经走过近二十五年了，经历了许多变革，您是怎么让东软一步一步越走越好的？

刘积仁：在过去的二十多年里，东软经历过技术变革，也经历了社会变革，更经历了技术和文化与生活方式融合的时代，这个过程中我们得到的经验是：经营企业要敏感，要不断地改变。特别是像我们这个行业，平均的存活年龄大概在七年左右，就是每隔七年，可能死掉一批企业。这就迫使我们这样的企业，必须不断地创造，不断地创造新的生命周期。尽管你可能走过了二十年、三十年，但是每隔五六年，就得换一种生存的方式，因为自己的行业在变，技术在变，需要应对的场景也在变化，不改变就会死掉。

张代理：难能可贵的是您一直在变，不停地变，紧紧跟随这个时代的步伐，但是您没跨出这个行业，一直在这个行业内深耕细作，是什么样的信念，支撑着您一直在这条路上走下去？

刘积仁：这是每一个中国的企业家都应该认真思考的问题。东软在这二十多年里，也经历了很多的诱惑，比如投资股票、房地产等。而我们做的这个事情，还需要在相当长时间内特别耐心地、一步一步地走，所以从商业利益上看，我们会面临很大的一个纠结。到了今天，我们很幸运地迎来了大数据时代和一个商业智能的时代，这个时候我们之前积累的知识财富、技术财富、客户财富和数据财富，为我们的下一步打下了坚实的基础。所以，有的时候，得就是失，失就是得。我觉得一个企业，首先对自己选择的方向，发展的前途，未来能够走多远，要有一个清楚的判断，而这个判断不是单纯来自投资的回报，更多的是来自这个行业究竟能够走多远，以及全球的发展趋势和整个社会的发展趋势。

战略的两个坑：忽略对自身的评价和盲目跟风

张代理：制定战略时有哪些方面是需要注意的？

刘积仁：这个时代，我们对战略的选择，越来越趋于一致，那为什么大家都在一个相同的战略上、一个正确的战略上，获得的结果不一样？这是值得我们反思的。我觉得有两个原因造成这种结果。

第一个，你制定的战略忽略了对你自身的评价。任何一个战略的制定者，都是充满了野心和梦想的，带着这样一种情绪，很容易忽略别人的优势和自己的弱点，可能认为自己更好一点，认为竞争对手更差一些。

第二个，我认为是跟风。跟什么风呢？跟成功者的风，跟大势的风。我自己的体会是当大家都在喊“这是一个方向”的时候，就已经太晚了！最好的投资点是大家都没有看好的时候，都怀疑和纠结的时候，被认为是不对的时候，反而会给你带来机会。

企业经营的“慢”智慧

刘积仁：在中国的商业社会中，大家都急于成功，急于赚钱。每个人的智慧，没有多大的差别，可能最大的差别就是你愿不愿意退后一步，而不是前进一步思考问题。像东软起步的时候，全中国没有人认为沈阳这个地方可以做软件开发。那个时候我们受困于地域人才匮乏，被逼无奈只能跟大学合作，我们从大学里面找到一批批最好的人，然后一年一年地开始培养，现在他们都成为我们最强大的竞争力。当你做很多事情的时候，如果看到很衰的场景，有可能正是你竞争能力之所在，或者是你的机会之所在；你看到特别繁荣的，你认为十分有机会的，有可能却是虚无的。这几年我们每一年工资投入增长12%，连续涨了五年。因为未来我们更多地向产品、服务、知识产权方面转型，而不是看劳动力成本。

企业家要懂的逻辑

刘积仁：中国是一个发展中国家，凡是发达国家走过的路，中国可能大部分要重复着走一遍，这是第一个逻辑。我们通过这个逻辑可以看到中国未来应该是什么样的，知道了中国未来一定要走到什么样，也就意味着你的战略在定位上就不会走其他的方向。

还有一个逻辑是精准，当大家都展望一个特别美丽的大场景时，会忽略在很多精细的小板块里的机会，如果给予你更多，你会做得比别人更好。它不是因为大而变得优秀，而是因为专，它把这个专，最终跟社会和人的需求，做了一个特别好的结合，重新表达了商业存在的模式，使它更加精准，更加可靠。

企业经营就是修行，核心是管理好自己

张代理：我知道您有六次转变，相信您一定有很好的经验，跟我们谈谈。

刘积仁：做企业的过程，也是一个经营者对自己性格的修行——管理自己的过程。我常说，如果你连自己都管理不好，还能管好别人、管好企业吗？事实上管理自己是一件最难的事情，包括管理自己的情绪，管理自己的思维方式，管理内心，管理远见。

从我创业的那个时代走过来的软件企业，现在剩下的已寥寥无几了。活下来的和没活下来的，如果用一句话总结原因，我认为都是取决于对自己把控能力的强弱。因为你把控不了市场，也把控不了社会大的变革趋势，你不能印钱，也无力刺激市场，唯一能控制的只有你自己。最应该控制的不是你的野心、战略，而是控制那些在商业上最朴实的、最简单的道德和道理，而这些道理往往也是最容易被我们忽视的，我们很容易看不上它们。有的东西实际上没有那么复杂，当我们都在强调什么高科技、互联网，什么融合、知识经济等等时，我觉得有几样东西，反而比这些东西更重要，那就是你的忍耐精神及客观和务实的态度。或者说你所做的产品，所做的任何的东西，能够让别人来喜欢。就是这么简单的道理。

过多的成功被宣传可能带来很多误导

刘积仁：有三个社会大趋势，企业家要能够看到：

第一点，任何一个行业，都进入了一个精细、精准、卓越的时代，也就是说，你不管做任何事情，都得比别人做得更好。

第二点，应该改变对好企业的认知。作为一个企业的创造者，要知道“小而美”的品牌并不丢人，新的环境下，在一个好的品牌下坚守是值得推崇的。

第三点，重新认识企业所处的竞争环境。一个企业所处的环境，过去是一个城市，今天变到全国，未来就是全球。做任何的事情，不能仅从你所看到的范围里面来制定计划和竞争策略。

现在大家都愿意宣传成功，不愿意宣传失败，给很多人一种错觉：他能做到的，我也能做到。事实上，他可能做到的最简单的事，你就从来没尝试做过，因为你觉得没什么必要，你认为他所有的成功，都是只有几大转折点。比如说东软共六次转型，我们每次转型不需要积累吗？不需要我们的企业里每个人都有这种精神和信念吗？这里面是有一个不断地磨合、积累、认识、学习的过程的。

中国社会下一步的转型，会走向服务型经济，更多的是中小企业的繁荣。大企业也很重要，但是中小企业的繁荣，是我们国家未来经济转型的一个重要基础，因为它承载着就业。另外，我们讲现代的服务业，是跟生活方式相关的企业，小企业起到的作用比大企业更重要，大企业应该做的是那些大众化的产品，每个人都能用的产品，而小企业为这个社会带来了品德、品格或者说味道。未来你走在一条马路上，你能看到一百家店，每个都不一样，你看到那里面的文化作品、音乐、艺术等等异彩纷呈。

导师说 —— 刘积仁

传统企业，有三点要注意：第一，要谦虚，要倾听外部的声音；第二，不要忘了自己的初心，同时不要保守，学会把过去的积累和新的技术、新的模式结合；第三，要乐于分享，善于学习，还要有更多的耐心去坚守。

最后，我想一个企业，在走过十年和二十年之后，应回过头来看，并总结一下：当大家都在呐喊着要进入某一个行业的时候，你能清醒地做出自己的选择；在大家都在想着放弃的时候，你能够坚守；当大家都在想颠覆的时候，你做了融合和整合。这个时候，你就会对今后自己能做得恰到好处更有信心。

酷漫居杨涛
转型创新，企业家需要当机立断
识别二维码
观看高清视频

嘉宾导师

杨　涛（酷漫居总裁）

访谈主持人

曾惟靖（广东万合投资董事长）

访谈者手记

曾惟靖

今天，很多企业在谈如何转型，可有些行业可能真的没有前进的空间，转型也无从谈起，那么在明知无法前进的情况下，能当舍即舍，是企业家们的必备技能。杨涛董事长和他的企业酷漫居在传统企业转型路上走得很好，在本次访谈中，他向我们分享了成功的经验，希望企业家们的转型能少走一些弯路。

案例方法论

首先要挖透消费者的需求在哪里，然后针对消费者的特点及需求创造商业模式。

转型最重要的是企业家的心态。如果心存侥幸，失败的机率将会大幅度上升。

不能只站在企业的角度思考问题，还要站在消费者的角度去思考，而且要拥有纯粹服务的心态，拥有质朴的良知和诚信的品质。

真真正正有企业家思维的人是这样的：人生目标非常清晰，而且心很镇定。不追着别人的话说，不追着别人的事做，管好自己的一亩三分地。

曾惟靖：请杨总介绍一下酷漫居的商业模式。

杨涛：酷漫居目前属文化创意产业，整合提升了传统的制造业，把儿童的居室环境与互联网进行了深度结合。具体操作模式是把全球主要的动漫品牌——像迪士尼、Hello Kitty等——与儿童的居室环境做了一个深度的结合，把儿童的家具和家居用品全部做成了动漫衍生产品，然后通过互联网采取了O2O的销售模式。

从消费者需求端寻求转型机会

曾惟靖：为什么有这样的定位？背后是怎么思考的？

杨涛：随着社会的发展和进步，我们当时发现以前靠关系、靠工程类型的to B端业务增长空间是有限的，而且在民用家居的领域里，消费者对于产品的品类分割越来越细，儿童产品领域每年有上千亿的规模，而这个领域里没有非常大的公司和品牌。

另外，我们感觉到传统的制造业企业再以原来的路走下去，很有可能跟我们今天的消费者渐行渐远，所以我们提出从重资产的制造业的公司，转向轻资产、与互联网深度结合运营的公司。

还有一个问题是，市场上不是没有人经营儿童家具，但消费者究竟要的是什么？他难道真的是为了给孩子去买一张床吗？消费者关注的是孩子健康快乐的生活方式，所以我们就在这里面找到了定位点。

从一个制造型的企业，转变为带有浓厚互联网背景的文化创意产业，这就是我们整个商业模式的转变。

感情才是连接客户的有效武器

杨涛：移动互联网时代，很多消费者是不相信广告的，但是消费者一定会相信朋友圈，所以口碑的营销才是今天的主战场。在拥有占领消费者心智的产品之外，还必须让消费者心甘情愿地成为传播者，所以我们核心价值观的第一条就是感动客户。

如何把住客户的脉？弯下腰去，深入年轻族群。如果说在传统的领域里，我们可能还有一点点知名度、优越感的话，到了今天的这些年轻的人群中间，我们什么也不是。所以如果我们不能够忘掉过去的自己，不能融入他们，就没法拥抱互联网。

在具体操作上，我们的业务分为几大板块：第一大板块我们称之为空军，就是第三方平台，在第三方平台业绩做到第一名。流量进来以后，就要对顾客形成一套服务的标准，而且要快、准、狠，要掌握顾客的需求，提高转化率。第二大板块是陆军，把线上的流量导入线下，深度地与客户互动，地面我们要有非常好的体验店。第三大板块是海军，就是我们同领域的跨业合作，比方说经营儿童服装、儿童摄影、幼儿园的企业，两者之间活动的合作可以产生联动。第四大板块是火箭军，就是移动互联网的圈养粉丝。妈妈们愿意不断地分享孩子的点点滴滴，而我们利用很多节日和时间点，与这些妈妈们互动，让她们对这个品牌产生信赖感。第五大板块是核武器——朋友圈，不要小看朋友圈的力量，一个这样的产品关键就在于你跟消费者之间的品牌信任感的建立，当信任感建立得越深刻，未来在市场上，爆发力就越强。

不是简单的家具概念，是一个入口

杨涛：儿童房其实是父母跟儿童建立关系的第二空间。儿童房所需要的东西，包括硬件的、软件的，看得见和看不见的，都可以去酷漫居体验。这是一个很大的盘子，不仅局限于床或书桌这些儿童家具，还有很多其他的东西，它是一个儿童生活方式的入口。

我们现在的O2O模式是2014年实现的，在2009年、2010年业务主要以线下为主。

2012年开始，我们线上B2C（商对客）模式启动，那时市场上这个领域也没有人触及。很多人不看好家居类型的商品在线上销售，认为我们做不下去。但我很早就认为，将来一定是线上线下融合的，所有人的购物逻辑发生变化了，没有线上将来想在这个细分品类拿第一不是件容易的事儿。

我当时还不懂什么叫互联网+，只有一个很朴素的观点：我认为互联网的“原住民”就活在网上，地面是体验，线上是搜索成交，当时就是这么理解的。是误打误撞也好，怎么样也好，我当时就这么想的。我当时要进军线上，一定要上天猫。2012年，我们在天猫上拿了该品类的销量第一，接下来四年都是全国第一。2015年，我们“双十一”线上销售额3700万元，线下一天销售额960万元。

我们的线下店铺，在78个城市里面，开在家居卖场里面的有197家。我们计划未来两到三年时间，在全国有1000个地面体验网点，基本上要覆盖掉全国的一二三线城市，仅这个品类大概一年有超过1000亿元的市场份额。

定位明确，转型就要痛下决心

曾惟靖：如何痛下决心舍弃原有产业？

杨涛：很多企业舍不得放弃原有的经验，但这些经验是过去的，不一定适应未来，如果转型过程中意志不够坚定，为短期利益所困惑的话，很有可能会出现一种情况，就是不敢坚定地走下去。在转型中企业家的心态最重要。

做企业需要执着，特别是在今天复杂多变的商业环境下面，如果心存侥幸，失败的机率将会大幅度上升。企业的运营是有轨迹的，跟市场生命周期逻辑一样，企业也有生命周期，如果明显看到企业走向衰落，还要硬撑着，最苦的那个人一定是自己。

今天很多老板没有想明白这个问题，企业明显走过了生命周期，但他们总觉得这是自己的孩子，自己得养着。可人一辈子能够干好一件事情，就已经很不简单了，不要在夕阳西下的项目上浪费时间。

所以，关键问题在于能不能在经济下行时，自我革命，从头开始。在相关多元化领域里面，一定有一些细分市场被人忽略，这恰恰是你的机会，因为你对这个领域非常熟，只要找准这个蓝海，就应该果断地做这件事情。

只为赚钱，还是做成一件事

杨涛：企业经营过程中，很多企业家已经不具备企业家精神了，忘记了当初创业时候的初心。

格鲁夫讲过只有偏执狂才能成功，是有道理的。如果在某一个细分市场上，真的做到了专注、极致，如果在某一些领域里面，真的是把你自己的人生时间投入进去，很有可能会吸引到很多的人和你一起走。

我们今天发现很多民营企业老板，只想当老板，而不是想当创业者，缺乏真真正正二次创业的基因。他们第一次真的是创业，但是走到今天实际上更多是在项目投资。你会发现，很多中小型民营企业，投项最后都是以失败为结局的。

中国今天的经济状况，容易培养老板，比较难培养企业家。老板的心态是什么？老板的心态是逐利。

有一次，一个企业家找我聊天。他是十几年前做电器元件起家，在细分行业中大概能排到前五名的位置，营业额有三五亿元，利润10%左右，干得还不错。后来有些人开始抄袭他的商业模式，追兵赶上来了。怎么办？他觉得太苦了，开始买地经营科技地产。当然，在深圳做地产一下子就做起来了。电器元件制造业便交给一个经理人继续做，基本能维持生存。前几天，找到我，说想做旅游市场的酒店，即在一些旅游风景区开类似如家这样的小酒店。哪里有钱赚就去哪里，在中国这种企业家是普遍存在的。

我们问他，你为什么不把原来的企业卖掉？回答很有意思，他说他原来投2000万进去，现在卖出只有500万，觉得很亏。我们跟他说，你现在卖还有500万，万一哪天变成负债，就脱不了手了。说了好久，他还是舍不得卖。

企业家的正确心态应该是，不要在乎自己干了多少件事，而是在乎自己能否干成一件事。纵观所有能够成为管理案例的公司，其中都有一个做“企业”原则，而不是一个做“老板”原则。

作为企业家，如果不懂得舍弃的话，原来的东西就会变成身上的包袱，越来越重，越来越沉。而且今天社会的变化速度非常快，从互联网时代变成移动互联网时代，再到最后的智能化时代，五年就是一个时代的变迁。很有可能原来一招成功的经验，最终会变成失败的包袱。

导师说 ___ 杨　涛

如果一个传统企业要转型，首先要有好的思维和心态。真正有企业家思维的人心很镇定，不追着别人的话说，不追着别人的事做，下决心就干一件事。这辈子在某一个细分市场干了一件事，一定是不管从消费者，还是从资本市场，甚至从国际舞台方面，都能够对这件事情有一个深度认知。其次，要有好的转型规则、方式和方法。

光谷联合黄立平
转型不是抛弃过去，
凭借过去才能适应未来
识别二维码
观看高清视频
上集
下集

嘉宾导师

黄立平（光谷联合集团董事长）

访谈主持人

邱　婷（武汉37度创始人兼CEO）

访谈者手记

邱　婷

本次访谈收获很大，黄立平董事长与我们分享了他独有的商业智慧与商业哲学，他用自己的亲身经历和深度思考，给正处于转型创新苦恼之中的企业家们提供了很多值得借鉴与学习的方法和方向。

案例方法论

每一个选择最重要的就是，在未来你所要做的这件事有没有时代性的意义。

转型不是要抛弃已有的东西，而是在现有的结构里面转型，这样它才能更适应未来。

我并不把多元化的“化”作为追求，因为我追求的是构建不同的价值点。

创新的源动力主要有两个：第一个来自现实的压力，就是被迫创新；第二个是兴趣带来的创新。

一个企业家不会也不能完全是因为财富和经济的原因去工作。

通过创新的方式构建新模式

邱婷：今天我们非常荣幸地请到了光谷联合集团董事长黄立平先生来分享企业的管理经验。您以前没有地产方面的经验，做产业园区也没有什么资源，当时您怎么就敢选择经营产业园区这条路？

黄立平：经验这种东西，显然是做任何选择都需要凭借的，或者说需要依靠的。但是经验也是一个巨大的包袱，每一个选择最重要的就是看向未来，你所要做的这件事情有没有时代性的意义。

对于产业园区，我看到了一个比较重要的发展需求：中国在快速实现工业化，开发区成为实现工业化非常重要的一个空间存在形式。但是开发区的建设非常粗放，主要是用出让土地的方式来聚集产业，服务是非常有限的，而这需要更专业的服务，即能够把城市发展的需要和产业发展的需要结合起来。只有企业才有可能通过创新的方式构建新模式，所以我下决心去做一个自己和团队都缺乏经验，但是未来应该按照我理解的方向向前发展的一条新路。我们要做一个开拓者。

复制排斥创新，使企业止步不前

邱婷：作为一个开拓者，您对复制和创新怎么理解？

黄立平：这是一个非常重要的价值判断，也就是判断企业的规模重要还是企业的活力重要。就我个人来看，更看重企业创新的活力基因，也就是说，一旦采用复制的逻辑，姑且不讲这种复制本身是否能成功，即便它能够成功，公司可能会进入到一个容易排斥创新的组织方式。因为复制，所以大家就会产生依赖性，就会信仰这个复制，大家就不愿意去做除了复制之外，可能保持企业生命力的那种探索性的工作。而创新也从来不是一件容易的事，因为创新没有成熟的模式可以借鉴，而正因为如此，创新才是一件有价值的事情。

任何开拓性的工作肯定需要知识和经验储备，但未必是成熟的经验，如果完全没有专业知识作为支撑，肯定是有问题的。但要等完全准备好了、对一切都认识清楚了的时候，那做的也就不是开拓者的工作了。而即使在不具备完全经验的条件下，只要比社会其他人认识深刻，其实是具有优势的。我对创业和创新的理解是基于这样的判断。如果你要做一件战略性的事情，那一定是跟未来有关系的，一定是有意义的，但是并不是具有成熟模式的。我觉得这样的事情就有价值去做。如果已经是很多人都会做，并且也具备了成熟的模式，那就不符合创新的定义了。

在现有结构里转型

邱婷：光谷联合是怎么转型的，在转型的过程中您有哪些经验和体会？

黄立平：从2014年之后，光谷联合进入了一个转型期。仅针对大客户打造产业园这种服务是有限的，很容易形成对大客户的依赖。我开始改变对用户增长和需求的认识，现在主要转向中小企业和初创企业。这其实是市场趋势的变化，或者是一种需求的变化。我们擅长服务的对象在未来的需求难以确定，而我们可以确定大量的中小企业能够产生新的需求，我们的服务方式需要发生变化，从服务大中型客户到专注于服务中小企业和初创企业，这时自身的组织方式、知识结构都需要进行调整。

一个新的方向或者新的路径的选择，要有一种新的理念或者有一个新的战略逻辑。在过去两年，这种战略逻辑我也不够清晰，是一个逐步认识的过程。但是，新的方向我们清晰地看到了，所以也一直在思考和探索中。到2015年年底，战略逻辑逐渐清晰起来，如果要做一个归纳的话，我们就沿着这样的思路展开：我们最有价值的是什么？是我们找到了城市发展和产业发展的关系，有了这么多的产业园的载体——接近20个园区里面现在有15万人在工作，这就是我们的资源。怎么能够去挖掘这个资源？因为在经营不同主题的产业园区时，实际上需要整合不同领域的资源，所以会激发企业在该领域拓宽构建价值的空间。结合原来的资源，在新的探索中嫁接新的资源，就会产生一种价值的复合效应或者叠加效应。

当然，无论是转型还是升级，都需要凭借过去的优势进行。转型不是要抛弃已有的东西，而是在现有的结构里面转型，这样才能更适应未来的发展，升级也是在这个基础上进行。如果用这样一个语境来讨论转型这件事，基础就是我们现在的产业园区的网络体系。在这样认知的条件下，我们现在的产业园网络体系是我们构建新的模式的基础。

如果说转型的基础是产业园区的网络体系，在这个体系下，我们要找到的是两个价值：

一是园区全生命周期的设施设备管理。我们不仅仅是要盖一个房子，然后把房子卖给目标客户或者住户，而要对这个设施设备做全生命周期的规划，要让它的价值能够延续下去，这是一条价值线。

二是全产业链。全产业链是指我们在投资、开发、运营的所有需求中都能构建的能力。所以，在能力和规模的选择上，我们选择能力。在某一点突破的时候，我们更愿意选择整体性地去突破。我们很强调整体的战略思想，因为只有有了构建全产业链的能力，才能面对不断变化的市场和不断丰富的需求。

我追求的是构建不同的价值点

邱婷： *您的企业未来创新的方向有哪些？*

黄立平： 我们还需要三个支柱：第一个支柱是空间。从空间上讲，产业园区就是平台。第二个支柱是创业投资。既然服务的目标客户是初创企业、小微企业，股权投资就成为一个非常重要的方式。因为在我们的园区里面，有大量这样优秀的企业，我们很希望我们的生命力能嫁接到更年轻的团队、与未来关联度更高的这些创新力量上，这样才能更好地把我们的生命力延续下去。仅靠我们自身去焕发活力，效率是不足的。所以，其中就有一个价值分享的理念，即用我们的资源去帮助这些企业成长，然后我们来分享他们未来的价值。从这个意义上讲，就有可能找到双方未来的长远的利益关系。第三个支柱是服务。如何进入价值链体系则是我们服务的深化和升级。

现在，我们在努力地构建下面要讲的四种模式，如果把它理解为多元化，我也不反对；但我并不把多元化的“化”作为追求，因为我追求的是构建不同的价值点。在我们的现状中，这四个模式是我们未来探索创新的方向。

第一个模式是共享办公。这种模式可以理解为在共享经济的理念下，或者说是零边际成本的价值观框架下，一种不动产的最先进的理念。我们过去经营的，在某种意义上说，也是不动产，我很希望能按照一种新的理念经营企业，以跟上社会前进的步伐。在大家公认的共享经济的商业模式上，一个是 Uber，一个是 Airbnb，一个是 WeWork，这是产生于美国的三大共享经济的创新模式，与我们比较接近的就是 WeWork，是可以借鉴的模式。我们会将共享办公作为非常重要的创新模式。通过 OVU 创客星，可以体现我们在这个方向上的努力。

第二个模式是物联网生态群。在互联网 20 年的发展中，我们是缺席的。但是从 2014 年开始，我就考虑下一个技术发展的方向——物联网，我们不能缺席。因为应用物联网技术，未来能够解决的问题、能够应用的场景，实际上与我们的产业园区关联度是很高的。所以，构建物联网生态圈，是我们现在的第二个商业模式。但更重要的是把我们现有的资源嫁接到更高效的团队上，然后建立一个围绕物联网的企业体系，这是我们今年的一个工作重点。未来我们还会通过创业投资的方式，去发展更多的应用型企业，比如说做基础设施的企业，有突破性的技术创新的企业等，这就是我们要做的物联网生态圈。希望未来在物联网的发展中，光谷联合是重要的参与者，也是重要的推动者。

第三个模式是区域能源。中国的能源消费和利用效率在世界上是落后的，现在欧洲、日本的能源利用效率达到 65% ~ 70%，其他国家甚至可以达到 70% 以上，而现在中国整体的能源利用效率不到 40%，所以，通过技术进步、管理创新，提高能源利用效率的空间很大。我们国家现在面临的环境污染、资源浪费问题，很大程度上与能源消费的理念和管理方式有关系。而我们在产业园区开发过程中，已经培育了一个做集中供冷供热的业务板块，这会成为未来区域能源消费的新模式，也将是一个重要的产业发展方向。

第四个模式是艺术生活。我们在做“创意天地”文创产业园区的过程中，积累了大量的文创资源，并且通过美术馆聚集了大量的艺术创作和艺术评论资源。虽然大家都看到了未来艺术对人们生活的影响，但是如何在这个领域内产生新的商业模式，是我们非常关注的。就我个人而言，只有能够真正在理论上找到方向，又能把艺术和生活真正地建立联系，才是真正具有企业经营空间的地方。所以，目前我们脚踏实地地整合这方面的资源。要办一个有学术价值的美术馆，必须在艺术高度上拥有话语权，才能表达对艺术发展标准的意见，甚至成为某种标准的参与者和制定者。这种价值，跟商业是有距离的，但是我相信这种话语权是有可能通过某种方式跟商业建立联系的。尽管我们今天还没有过多地去寻找商业模式，但我相信这种模式在某个时刻会自然地出现。这是我思考的更长远地面向未来的方向。

创新的源动力

邱婷：你是如何保持创新的激情，持续创业的？

黄立平：创新的源动力主要有两个。第一个来自现实的压力，就是被迫创新。如果不去走一条新的路，也就没路可走了。这个时候，是巨大的生存压力导致的创新。

第二个是兴趣带来的创新。我始终认为，对未来的好奇心、对技术发展的好奇心、对自身进步的好奇心，是保持企业创新最重要的文化基础。“见异思迁”，是创新的心理基础。

见到不同的事物，就想要找到它与众不同的本质是什么，价值在哪里，这会诱惑你去做一些没有做过的事情。从本质上来说，是要专注地做事，还是愿意接受新事物，决定了企业在文化上体现的性格。我更希望我们的企业是一个充满好奇心的企业，充满对未来各种向往的企业。

一个创业者起初可能是想表现自己，或者是受财富的诱惑而创业，但一个企业家不会也不能完全是因为财富和经济的原因去工作。一个人的生命力和存在价值才是最重要的，当你仅仅是依赖这个社会，并想从社会上获得财富的时候，我会觉得这个社会其实并不需要你，或者说你的存在是没价值的。这个时候，我们就要寻找一些别人还没有做，或者不愿意做的事，同时坚持做下去，这样人才会有激情，工作本身才会变成一件快乐的事情，而不是一种负担。才能够在任何时候，任何情况下，不厌烦工作，这就是创业的状态。如何才能保持这样的状态呢？那就是你所做的事在价值上真正地诱惑了你，你拥有千方百计想做成这件事情的动力。

导师说 黄立平

中国一些互联网企业的成功都是在很多人看不起、看不懂的条件下，凭借企业家精神坚持下来所取得的。今天，当互联网文化已蔚然成风，成功的互联网企业成为社会时尚和广泛的羡慕对象的时候，更多胸怀抱负的创业者和创新企业应该超越互联网去冷静地思考未来，认清自身的优势和缺陷，坚持不懈，克服困难，致力于在自身的业务领域内把产品和服务做得更好。

目前，经济下行的压力，特别是实体经济所遇到的周期性困难，主要是过去若干年同质化竞争所导致的产能过剩的结果，以及经济的结构性矛盾所形成的，而这些问题的解决必然会以淘汰落后产能和结构性资产重组来实现，这是无法回避的一个问题。有些坚持会走出低谷，同时有些坚持是徒劳无益的，不同的企业应该根据自身的资源特点做出适合自己的选择，这些都不是简单地凭借互联网能够解决的问题。

对于许多企业而言，走制造强国的道路可以从互联网企业的创业经验中寻找借鉴，但未必有既定的模式可以照搬。从长远看，对于绝大多数从事制造业的中小企业而言，决定企业命运的仍然是产品与服务的质量。企业家精神更多应该体现为一种创客精神，或言工匠精神，我相信未来更多的机会来自细分领域和产品创新领域，如果说从事制造业的企业在互联网时代要制定面向未来的正确战略，就应该真正把握住对未来有社会价值的蓝海，百折不挠地坚持下去。

泰嘉新材方鸿
别把工业4.0看成口号，
脚踏实地才是企业的根
识别二维码
观看高清视频

嘉宾导师

方鸿（泰嘉新材董事长）

访谈主持人

黄敏（晟通集团董事长）

访谈者手记

黄敏

泰嘉从创立至今，始终专心于一个领域。在与方总交流的过程中，我能深刻感受到他口中德国、日本企业那种脚踏实地、不断创新的工匠精神。泰嘉多年来向他们学习这种甘于平庸、在一个领域里做得更强更大更好的精神。同时这些理念对当下中国企业的发展，必有很大的借鉴意义。

案例方法论

泰嘉新材之所以取得这样的成就，完全得益于将一个产品做到极致。

德国企业之所以成功，就是因为它们脚踏实地、扎扎实实、甘于平庸的工匠精神。

要大力保证研发投入，研发就是要大量地投入才会有产出。

成功源自专注

黄敏：泰嘉新材是在非常小的一个细分行业里不断努力的企业，从创新角度来讲，泰嘉是怎么成长起来的？

方鸿：泰嘉创立于2003年，起步时立志于生产双金属复合材料。此前像我们生产的复合材料，绝大部分厂家都是从国外进口，因此我们就以生产双金属复合材料展开业务。随着客户需求和市场的变化，我们从2006年由双金属复合材料涉足到了下游双金属带锯条业务，锯条看起来很简单，但你要真的把锯条做好，并且用这种钢去切钢，是非常有挑战性的。

在过去，国内双金属带锯条的制造水平，与国外同行比起来存在比较大的差距，并且早期国内市场主要以进口品牌为主，国内品牌只能做一个补充。

2006年，泰嘉新材开始生产双金属带锯条，在短短不到十年的时间内，引领了一个行业的发展，在国际同行业间已经有了相当的话语权和影响力。

泰嘉新材之所以取得这样的成就，完全得益于专注地将一个产品做到极致的理念，在这个过程中你得不断地投入，同时不断地引进国外先进设备、技术、管理人才去扩大产能。

我们在 2012 年以前基本没有分过红，但是从 2012 年开始，我们每年都分红。因为过去我们缺乏资金，当时中国的资本市场不是那么成熟，不像现在有很多融资渠道，这是一个非常难的过程。我的合作伙伴每到年底就跟我讲，从来也看不到现金和分红，我说很遗憾，为了事业不得不去把有限的积累投入到一个企业无限的扩张、发展中去。

跟德国企业学到了脚踏实地、扎扎实实

黄敏：我经常听说你有大半年的时间到德国去考察、学习它们的技术，那么你怎么样看待我们企业和德国企业之间的差距？又怎么样去迎头赶上的呢？

方鸿：作为制造型企业，要虚心地向两个国家的企业学习：第一是德国，第二是日本。这两个国家的企业从来不会去追求短期利益，所以百年企业遍地都是。我们现在的设备供应商就是一个德国百年企业，在与他们交流的过程中，我感受到德国企业之所以成功，就是源于他们的工匠精神。

他们从来不说空话，而是扎扎实实地干，在细分的行业里面做深做透，做到全球的冠军。我们现在的设备中，有一个裁断设备是一家瑞典公司生产的，不管是美国、日本，还是德国同行，只要生产双金属带锯条，都得向瑞典这家企业去买，这个企业的产品居世界一流水平。

各国之所以都要找这家企业购买设备，是因为它不断地在创新，不断地在努力。这个努力的原动力不在于外界给它多大的压力，或是多大的市场需求，而是它发自内心的自觉自愿。所以它会今年给你推出一个机型，到第二年又推出一个新的机型。

在这些年跟他们打交道的过程中，我们学到了很多。他们这种脚踏实地、扎扎实实、甘于平庸甚至是甘于寂寞地坚守在某一个领域里面，是值得我们敬佩的。泰嘉有幸在双金属带锯条这个领域捕捉到了一个机会，我们有理由去把它做好，标准就是做到让同行认可和尊重，而不是简简单单地挣点钱，不能把它当成一个简单的生意，而要当成你一辈子的心血和努力。

大量人才设备投入，为发展带来支撑

黄敏：泰嘉在跟他们学习的过程中，又有一些什么样的创新，什么样的学习成果呢？能不能举一些小的例子呢？

方鸿：双金属带锯条起源于美国都奥，这是一家有上百年历史的公司，该公司的设备自己制造、技术自己拥有、产品自己生产，市场主要在美国。但真正把双金属带锯条发扬光大的是德国一家企业，排名第二的是美国另一家企业，排名第三的是一家日本企业，都奥处于什么位置？它停留在过去的自我发展模式中，没有集约地去利用世界一流的资源共享，所以某种程度上受到了一定的影响。

泰嘉起步非常晚，2003 年才申请土地、建厂房，一切从零开始，短短这些年我们凭什么在产能规模、设备能力、产品水平等方面都能够得到欧美同行的认可？首先是我们学习了德国、日本还有美国同行一些好的经验，我们也有幸聘请到了欧美同行退休的一些技术人员。

2007 年、2008 年我们每一年都很注重对人才的引进，我们现在有两个博士、几个硕士，还有一些大学生。在一个细分的行业里面谁真正懂锯条？开玩笑讲，很多大学不研究这个东西，因为牵扯的技术非常复杂、非常专业，我们得益于引进了这些“老先生”——技术人员，通过两到三年经验的积累、不断地试验，保证了我们产品的不断提高。

在此过程中，我们不断地引进智力资源，进行人才培养，现在也成立了一个博士后工作站，便于我们引进高端人才，引得进还要留得住，让他们有一个研发的工作环境和条件。我们也成立了研究所，建立了锯切实验室，这在中国业内是没有第二家的。

我们不断地投入，目的是要在过去模仿创新的基础上发展自主创新，如果你仅仅停留在模仿创新，就没办法超越。泰嘉就是沿着这样一个路径不断地往前走，优秀的技术人才储备给我们带来了一个非常大的支撑力。所以我们现在的产品不仅是在规模上领先，在产品的技术质量、稳定性及新产品的开发上也都处于世界领先水平。

研发就是要大量地投入才会有产出

黄敏：这么多年来，您有没有计划设定研发投入要达到收入的百分之多少？或者是给自己制定一个计划，将投入的占比占到您经营收入或者是利润的多少呢？

方鸿：机械行业的竞争是非常残酷的，我们要抵御国外产品的竞争，同时国内同行也追得很紧。在这种情况下，我们不能因为同行在用低价的方式跟你竞争，你就放弃原来的理想和目标。

我们每年在研发方面的投入大概占销售额的3%～4%。我在公司内部开会时经常强调，研发中心、技术队伍的引进是不受限制的。比如我们生产部门要定员定岗，提高劳动生产率以后要减员增效，其实这是降低成本、提高运营效率的过程。

但是在研发领域里面是不受限的，目的就是鼓励研发人员沉下心，没有三年左右的沉淀，甚至更长的时间，你要让他一下子出成果是不现实的，所以研发这一块就是要大量地投入才会有产出。

技术研发 + 精益管理，应对国内市场冲击

黄敏： 在发展的过程中，您遇到过市场的危机或是对你有很大冲击的事件吗？

方鸿： 国内市场低成本的竞争，是一个很残酷的现实，我们得益于高端产品能够跟国外的产品竞争，逐步把他们的市场份额抢过来。2016 年，我们加大了在国内市场的竞争力度，国内的同行很多东西都模仿我们，而价格却非常低，但我们简单降价行不通，因为成本永远会要比他们高，这是我们 2016 年碰到的一个比较大的问题。

2016 年，我们也做出了一些战略调整，就是高端产品我们要不断地发力，把产品做得更好，并且要投入更大的研发力量。同时，我们还要把高端工艺技术用到低端产品上，就是降低它的成本，有些工艺成熟了你就可以嫁接过来。

另外，还可以通过精益管理，提高员工的能力，进而提高劳动生产率，来降低成本。

我们现在对标德国的企业，不是简简单单对标国内的企业，国内的企业可能是人海战术，然后国产的设备、低价的甩卖都令人很无奈，但我们在不降低追求产品品质的基础上，尽最大可能地降低成本、售价，来满足国内市场的需要。

未来的战略布局

黄敏： 未来的战略布局，您有哪些方面的考虑呢？

方鸿： 作为中国企业，如果只专注于中国市场，发展空间是有限的，

因此一定要放眼全球。如果中国的市场都没做好，讲全球化就会有点虚，当产品做到了一定的水平和阶段以后，就可以考虑全球化，产品要不断地往国外走。我们是一个中外合资企业，涉外一直是我们的特长，你可以看到我们的原材料、设备包、部分技术人员是从国外引进的。

我们现在产品也是批量地往外出口，但怎么去把你的产品真正做到被国外的客户认可是一个挑战。以前我们内部开会，我要求大家不要接触欧美市场，当时我没有自信，认为我们的产品还没有达到那么优秀的程度。后来，美国客户买了我们产品几年以后，我去拜访他，他说他了解我们的产品超过十年了：最早是通过广交会，之后是样品和试订单，特别是来企业拜访，每一次来都会看到企业发生那么大的变化，见证了一个普通企业在不断向现代化前进的过程。所以做产品一定是要有一个持续努力的过程，而不是一蹴而就。

我们进入德国市场也是一样。我们与德国、意大利、波兰的客户都至少有七年以上的合作的过程，这七年中他们就是不断地了解泰嘉，现在他们认为泰嘉与国际同行相比，已经达到一流水平，评价非常高。但是我们应该永远虚心地向德国、日本的企业学习，别人都是百年老店了，我们才多少年？

没有脚踏实地的积累，工业 4.0 就是空中楼阁

黄敏：您怎么样看待德国的工业 4.0 和我们的工业 4.0？

方鸿：德国的企业非常务实，工业 4.0 无非是未来企业的运营模式，用现代化的手段来链接起来，包括信息化、数据化、自动化，目的还是要保证企业的产品性能，同时要降低企业成本。

我们现在的产品设备运营，除了每年过春节，都是 24 小时不停歇，

我们的德国同行同样如此。从某种角度看，他们用的设备还没有我们的先进，可能买的是十年或者八年以前的设备，因为德国的设备用二三十年没有问题。德国人在务实的过程中，也会不断地追求网络数据的处理能力，也就是信息化，这个信息化基于日常工作的需要和现在的技术手段，他们没有把工业 4.0 定位为一个高大上的概念，而是视为一个循序渐进的自然过程。

如果没有脚踏实地的积累，建立所谓的工业 4.0 或中国制造 2025，都是空中楼阁，是没有价值的。

泰嘉的制造工艺每一道工序都是非常平凡的，以前上料和下料都要靠人工，现在要实现机械化，就脚踏实地先把机械化做好。车间里全部用上了机械臂，机械臂看起来很简单，但是要应用在我们这样的企业还是有难度的。我们花了一年多的时间，厂家不断地做尝试、研发，然后找到了最好的方法。我们通过这种方式，有了机械化的能力，让普通的女工也能够很便捷地去操作上下料的工序。

另外，我们现在很多的设备都是德国的设备，自动化能力非常强。自动化里面同时拥有信息化的能力，如果我们某一台设备出了问题，可以通过互联网，通过异地诊断来解决问题，这就是信息化的过程。

我们上下料机械化了，而工序和工序之间能不能找到技术的接口或者方法？目的是什么？这其实就是能不能提高劳动生产率降低成本的问题。所以我觉得中国的制造业应该脚踏实地虚心学德国和日本企业的精髓，不要急功近利，不要虚张声势，而是学习德国人的工匠精神。

所以，我现在常在公司内部讲，泰嘉是打铁的企业，如果你要做高大上的产业，不要来泰嘉，我们就是做锯条的，这种工作非常累非常苦，每一道工序都要精益求精。

这也是一个错误累积的过程，每一道工序都没有办法做到百分之百完美。如何做到瑕疵率最少，并不是简简单单有了钱、有了设备就能够保证的，而是需要一个制造体系来保证。

导师说——方　鸿

泰嘉新材发展至今，始终围绕着一个行业和领域去做深做透，在一个行业扎扎实实干的过程中，自然会有很多的机会，但是不能急。中国人有时候会认为，别人都比较关心的是自己到底规模有多大，到底什么时候能够做到世界500强。我觉得不管做企业还是做人，一辈子只能做好一件事。只要这件事情值得你去做，然后你把它做好了，就能够赢得同行的认可和尊重，这就足够了。

特锐德于德翔
组织创新最核心的问题是“人”
识别二维码
观看高清视频

嘉宾导师

于德翔（特锐德电气董事长）

×　×

访谈主持人

李　健（派诺科技董事长）

访谈者手记

李　健

特锐德（股票代码 300001）是创业板上的第一股，而且业务形态、创新模式也称得上行业第一，甚至在企业管理方面，特锐德也成了哈佛商学院的研究案例。从 2004 年创业到现在市值接近 300 亿，这么高速的发展，肯定有其发展的内因。特锐德如何通过组织创新将企业带到这么优秀的业务层次？具体做法是什么？此次访谈，于总结合案例逐一进行讲解。

案例方法论

特锐德这几年的快速成长，主要得益于几个方面：第一是团队建设；第二是创新；第三是重视客户体验，即好的产品和优质服务；第四是能够把握住企业发展中的每一次机遇。其中最重要的就是团队建设。

团队建设的关键是要找到员工需求

李健：我今天是受正和岛之邀，代表正和岛5000多位企业家，对于总进行一次访谈。希望于总能在组织结构、管理体制，包括运行机制方面给岛亲们带来分享。

于德翔：非常感谢正和岛和各位岛亲对特锐德的信任。其实特锐德还是一个年轻的公司，从2004年创立到现在，从起初仅仅20多个人，发展到现在将近5000人，2015年销售规模超过了40个亿。特锐德这几年确实成长迅速，我认为得益于几个方面的核心竞争力，其中之一就是团队建设，也正是主持人李总刚才问到的组织创新这方面；第二个方面是特锐德的创新；第三个方面是能够为客户真正地提供优质的体验，即好的产品和优质的服务；第四个方面是能够把握住企业发展当中的每一次机遇。在所有的竞争力当中，第一大核心竞争力，就是团队建设。

我觉得组织创新中最核心的问题是人。组织当中最小的单元是人，人如何能够发挥出他的潜质，能够为企业创造价值，是我们必须重视的问题。人的潜质和潜能被激发会呈指数级向上增长。所以我说人和人之间有一种买卖的关系，做买卖就是投入和产出相等，比如买一件衣服200块钱，我交了钱拿到衣服就OK了；另外一种，人和企业之间是一种投资关系，就是员工把时间、精力、爱好投入到企业里，给企业创造N倍或N的几次方倍的价值。

如何把大家的潜能激发出来呢？我觉得首先要思考客户的需求是什么。过去我们讲包括股权激励在内的各种企业激励，现在又讲赋能，其实赋能最大的一个问题就是，如何让每一个人把他内心的能量真正爆发式地体现到企业的成长过程中。

特锐德2010年入选美国哈佛大学的教学案例，因为它在将近七八年的时间里，形成了12人的高管团队，30～40人的中层管理团队和200个核心骨干人员团队。那时，我们的员工刚刚1000人，人才流失率几乎为零。哈佛的老师看到了这个数字，认为中国的民营企业人才流失非常普遍，而特锐德的人才流失率为零，他不太相信。后来麦克法兰教授就来到特锐德，用了几天的时间和我们的高中层、核心骨干人员做了一些访谈与交流，发现特锐德果然有和其他企业不一样的地方，就是这些人来到特锐德后，他们的激情、创造力和企业忠诚度都是非常高的，员工与公司的黏性也非常大。

从这个角度来讲，特锐德首先考虑的是客户的需求，员工们来到公司，有的是为了养家糊口，有些人想成就事业，还有一些人要实现梦想。其实我们就是把不同的人、不同的需求做了一些相应的分类，在不同的阶段满足他的一个目标，所以他就会对公司产生更大的依赖性，或者说是对公司的忠诚度非常高。

案例方法论

企业要想办法，把人的潜质和潜能激发出来，也就是赋能，让每一个人把他内心的能量爆发式地体现在企业的成长过程中。如何给员工赋能？我觉得首先要了解员工的需求，有的员工来公司是为了养家糊口，有些人是想成就事业和梦想。其实我们真正地要把不同人的不同需求做一些相应的分类，你在不同的阶段满足他的目标，这种吸引力远远大于其他方面。

成就=能力×价值观

李健：您对企业文化和价值观有何理解？

于德翔：有一种“四同现象”曾经在社会上流传：一开始叫同心协力，当企业发展起来的时候开始同床异梦，然后同室操戈，最后同归于尽。中国创新型的企业出的问题，基本上都是人的问题，由于志不同道不合，最后才散伙了。包括现在很多家上市公司，走到一定程度就分开了，五年以后这家公司仍然那么大规模，什么原因？其实最大的一个问题是，从一开始就没有选择志同道合的人一起创业。志同道合说起来很简单，什么叫“志同”呢？就是有共同的理想和共同的目标。“道合”是什么？其实现在关于“道”的说法比较多，道可道，非常道。但是一个企业真正的道就是企业的价值观，一个人的道就是一个人的价值观。所以人的价值观统一不了，一个企业的价值观和员工的价值观统一不了，那么你这个道等于不合。如果道不合，迟早是要分开的。

案例方法论

特锐德的价值观：第一，以客户为中心，为其提供精致的产品和优质的服务；第二，以创新为手段，为企业创造更高的经济效益；第三，以人为本，为员工创造更好的工作、学习、生活的环境。

于德翔：所以，我们在企业的文化凝聚上，一直强调企业的价值观。我曾经跟清华的学生做过交流和分享，当时说特锐德的价值观是把“以客户为中心”放在首位，企业的利益是第二位的，员工的利益是在企业利益和客户利益之后的。当时清华的学生就质疑我，说这样的企业，清华人不会去，因为不以人为本。他们认为一个企业应该把员工的利益放第一位，所以当初我也怀疑自己，这到底是不是我们的价值观错了？

现在我想对这些学生说我没有错，因为这几年企业健康成长，如果我的价值观错了，企业运营上肯定会有问题，企业没有问题就说明我们的价值观没有问题。最后我用了一个实证法来证明我们的企业价值观没有错：我说在特锐德，谁贯彻这个价值观最好？首先是高层，其次是中层，再其次是核心骨干。这些人贯彻了特锐德的价值观，他并没有吃亏，姑且不说是他人生价值的实现，即便是财富的积累，特锐德的员工在青岛应该算是相对较高的。

那反过来讲，价值观到底是什么东西？我个人的理解是，真正的价值观就是人生投资的一个杠杆。阿基米德曾经说过，给他一个杠杆他能撬动地球。其实撬动地球的两个基本要素是：第一，杠杆一定要足够长，几倍或几十倍甚至于上百倍于地球的直径；第二，那个支点要离持杠杆的人足够远，离你撬动的目标足够近。从这个道理上讲，这个杠杆是什么？其实杠杆就是一个人的能力，包括创新能力和领导能力，而价值观其实就是那个支点。当这个支点离自己越远，利益离自己就越少，给自己的利益越少的时候，你撬动目标的可能性就越大。所以我的理解是，一个人能够有多大的事业和追求，与他的价值观有非常直接的关系。

案例方法论

一个人能够有多大的事业和追求，与他的价值观存在着直接的关系。价值观就是人生投资的杠杆支点。在人生投资中，杠杆就是一个人的能力，而价值观就是你选的那个支点，这个支点离自己越远，给自己的利益越少，撬动目标的可能性就越大。

用“金手铐”凝聚核心骨干

李健： 我觉得于总谈的价值观，在很多岛亲企业包括我的企业，都是这样倡导的，于总从“道”的层面讲了很多，我获益匪浅，但我也非常想听听“术”的层面的东西。

特锐德的业务骨干流失率几乎为零，这是令我非常震撼的，但是在具体的一些激励机制上是怎么设计的？比如在股权设计方面，为什么要设一个持股平台？第二就是你设了一个持股平台，有多少骨干员工进入持股？第三个问题就是什么员工能进入这个持股平台？特别是如果我现在想加入，应该怎么进入？

于德翔： 一定要让核心骨干拥有公司的股权，而且其进入持股平台之后，不能随便出走，我们称之为金手铐。很多企业都是因为核心骨干搞分裂，后面才分家的，所以我们会把核心骨干紧紧地凝聚到一起，形成一个新型的持股平台。

李健： 我们在企业经营过程中也碰到一些这样的问题，到底用持股平台这种金手铐把员工捆住好？还是用自然人持股，让他自由活动更好？这是一个很矛盾的事情。

于德翔： 关于持股平台，在不同的阶段，我的看法是不一样的，甚至包括人才流失率为零这件事情：对于创业期的公司，这一定是有益的，而对于一些成长型的公司，这样做就可能是错的，会成为企业未来发展中的绊脚石。有一句话叫“流水不腐，户枢不蠹”，当人才流失率为零的时候，也就是好人和坏人全在这里面。时间长了，这湖水就有可能腐掉了。实际上，特锐德发展到今天，我们对于人才方面又换了一个观念，加大了人才的流动。在未来的几年当中，会根据企业发展的需要进行人员精简，如果适应不了或说根本受不了企业文化的人，就要从团队当中离开，让更多有志于企业发展的人，有能力的人，更高层次、素质的人，对企业会有更高贡献的人，进入到我们的人才团队当中。所以前期的流失很小，后期我们会在这方面加大力度。

案例方法论

在具体操作层面上，对员工的激励机制，特锐德设置了员工持股平台，占了特锐德大概 60% 的股份。设置持股平台是为凝聚骨干员工，一定要让团队核心骨干拥有公司的股权。而且进入平台之后不能随便出走，我们称之为金手铐，以此凝聚核心骨干。

扁平化管理

李健：听了于总的介绍，我又联想到你们企业有一句让我印象深刻的话，意思大概就是：我们不是靠舵手指引方向，而靠的是团队。但是从我的感觉而言，特锐德的舵手就是你，为特锐德指引方向的也是你，那为什么在企业阐述这个观点的时候又指明是团队，你能说说里面的道理吗？

于德翔：你的理解可能是错误的，我只是团队的一个代表符号而已。舵手和团队首先形成了一个从上而下的关系，是上下级的关系，但同时这个团队是一个平行的关系，也就是每个人都可以发挥出、表达出自己正确的思想。成员的好想法都可以在团队当中得到应用。

有很多团队，就是一个人说了算，大家只是去执行。一个企业的兴衰，都寄托到这一个人身上。而我们的团队会把每一个人的思想进行强强联合和优势互补，每个人都不可能把所有的事情都决策正确、做得周到，都需要大家互相补台。就像一辆汽车，你说发动机重要还是轮胎重要？这无法说清楚。所以在我们这个体系当中，希望能够借助于每个人的能力，将每个人的知识，每个人对这件事的判断集中到一起，充分发挥大家的意见，最后把最正确的事情、最正确的思想留下来，最正确的决策定下来了，然后才可能最正确地去执行。

所以，我们等于建立了一个战略大事互相讨论碰撞的氛围。可以说特锐德发展 11 年来，几乎没有走过弯路和错路，因为如果完全靠一个人，他总有打盹的时候。但是特锐德 11 年来，由于团队每个人的互相提醒，当发现一个人打瞌睡的时候，就会有人去补台。如此一来，整体的决策就会正确，所以我们说是团队而不是舵手为企业领航，就是让大家看到我们从上到下，思想是非常统一的。

有很多单位，副职的表达方式和正职的表达方式、思想、价值观不一样，定位也不一样，所以不可能形成一个完整的体系。而在特锐德你完全看不到这样的事情，有很多刚毕业的学生来了以后，他们的家长都提醒说，你们要有眼色，不要站错了队。来了以后我就跟大家讲，特锐德只有一队，没有第二队可站，如果谁说想去做第二队的话，谁就得出局。在特锐德就是要在思想上高度统一，但是这个统一不是统一到某一个人的思想，而是统一到正确的思想上来。

案例方法论

特锐德发展 11 年来，几乎没有走过弯路和错路，因为特锐德并不是靠一个人发展起来的。一个人总有打盹的时候，通过建立一个互相提醒、互相补台的氛围，你的决策就会正确。所以团队应该是一个平行的关系，每个人都可以表达各自的思想，让每个好建议都能在团队中得到应用。团队应该把每个人的思想强强联合、优势互补。将企业兴衰寄托在一个人身上不可取，重要的是借助每一个人的知识和判断，最后把最正确的思想留下来。

“PK”式决策

李健：特锐德内部有什么决策机制，或者有什么制度安排，来保证这种决策民主，或者决策团队化的？

于德翔：对于高管来讲，就是民主生活会；对于中层来讲，就是一种培训和交流会。高管的民主生活会，我们是一直坚持的，从公司成立到现在，一直都在学习党的民主生活会程序。特锐德每个月都要有一次非常激烈的民主生活会，不允许在生活会上谈工作，只能谈自己的思想和行为是不是偏离了公司的价值观，是不是偏离了公司的战略目标，都谈这些问题，让对方来找到自身的问题和缺点。

而且不是简单地找到问题，更是要深挖痛点，挖到成员非常痛苦的那个地方，即治病要治根。所以我们高层在一起的时候经常开会，民主生活会最长开到九个小时，大家有时候会把对方逼到哭。我们也事前提出来，只要承受不了就可以走人，大家所有的事情，都能在民主生活会上完全暴露出来。所以，我们在民主生活会上，可以骂人可以拍桌子，我也曾经拿水瓶子打过对方，这是很正常的。我们民主生活会的所有内容，不允许把它传到办公室以外。

我们在开民主生活会的时候，一开始会非常迷茫，不知道要跟大家说什么，在会间互相 PK 得非常紧张，但在会后，每个人都会非常舒畅。这就是我们的民主生活会，这么多年坚持下来的确非常不容易，但人和人之间的隔墙被打通了。

案例方法论

特锐德始终坚持高管团队每月开民主生活会和中层培训交流会，以此为民主决策提供了内部机制的保证。民主生活会上不允许谈工作，只能谈思想，坦诚相见，看成员是不是偏离了公司的价值观和战略目标，让对方找到自己的问题，接着深挖你非常痛苦的那个地方，从根源上解决问题。

坚持“刀锋战略”，迈向新高度

于德翔：其实特锐德高速发展的这 11 年中，一直在走一个纵向发展的战略，所谓的纵向就是我们先做一个系列的产品，在中国同行业中做成老大，技术水平达到第一，然后做成在世界规模最大，世界技术水平第一。正是我们走了这么多年，形成了一个“刀锋战略”。并不像很多企业那样上市以后进行多元化发展，包括现在的汽车充电业务，也是基于厢式变电站的集成技术，把它应用到了新能源汽车充电上。所以我们一直秉持专注型的纵向发展战略，尤其是在 2014 年，创新设立了一个叫“110 千伏城市中心变电站”，又把变电站整体的技术水平拉向了新的高度。这个变电站，我们产品鉴定的结论是：产品世界首创，技术水平国际领先。

这个产品的技术水平超越了西门子、ABB、施耐德，成为世界第一，这个产品的布局彻底改变了目前中国的充电设备落后的状况，甚至在全世界达到了一个新的高度。在 2014 年的时候，我们又邀请 Ruhland 博士来到中国，担任特锐德的总裁。Ruhland 博士是一个德国人，之前一直在德国工作，后来来到中国工作了几年。他之所以来到特锐德，是因为德国人做事情比较专注，中国喜欢多元化发展，中国人喜欢做大，德国人喜欢做强，会把一个产品或一件事情做到极致，做到几辈子都做这一件事情。所以他对我们特锐德的纵向发展战略非常喜欢。Ruhland 博士上任以后，又对我们公司，做了很大的颠覆性改变。

我们早期上市的时候，业务以高铁市场为主，现在主要还是以电网业务为主。我们电网占了大概 40% ~ 50% 的比例，高铁占了 30% 左右的比例，其他产业占了 20% 的比例。未来，我们的第一大市场还是定位于电网和电网相关的产业上。

案例方法论

特锐德发展 11 年来，始终坚持纵向发展战略。所谓的纵向，就是先将一个系列的产品做成中国技术水平第一，世界技术水平第一。特锐德将这一刀锋战略坚持了十多年，几乎没有进行多元化发展。专注于某一细分领域，把一个产品或一件事情，做到极致，是特锐德如今拥有世界领先技术水平的重要原因。

导师说 —— 于德翔

企业成功要同时满足三个要素：第一个条件，目标对，指哪打哪；第二个条件，动力足；第三个，阻力要小。企业的发展也是一样的，目标是战略的问题，动力是团队的问题，阻力是管理的问题。这三个方面如果能够做好，这个企业就可以成功。

特锐德这个企业可以用一句话来概括说明，第一是卖箱式配电站的，第二是塑造团队人才的。管理到底靠制度，靠体系还是管人？其实管人的成本是最低的，如果光靠制度会很省力，所有的事情都按照规章制度执行就可以了。但是如此一来，企业的创造性就会差很多。在企业的初期如果能充分调动人的潜能与责任，尤其是一些中小企业，当把人的因素发挥到最佳，这个企业就会发展得非常快非常好了。而当企业发展到一定规模的时候，就要开始发展制度管理了。所以管人是每一个领导者需要真正认真研究的。

Part 2

新商业模式

“法”——商业模式事关企业生死存亡，但模式本身并无好坏，只有适合与否，其研究的核心是“创新”。

红领集团张代理

100% 的企业机构设置都是错误的

识别二维码
观看高清视频

嘉宾导师

张代理（红领集团董事长）

访谈主持人

李连柱（尚品宅配董事长）

访谈者手记

李连柱

红领的转型给中国制造业树立了一个非常好的榜样。

什么是红领？红领其实就是将制作衣服去裁缝化，即将量体、裁缝等几个工序全部标准化，使得任何一个非专业人士都可以做衣服。这得益于生产端真正通过十年的硬功夫进行的升级。未来一个很大的挑战就是如何把消费者与后方的M（制造商）直接无缝对接。

红领为什么强调流程，强调规范？如果只强调流程、规范，其实张董事长相当于把车间的工人当做机器人来看。当将来有一天机器人代替了人以后，管人的那个人力资源部就真的要发生很大的变化了。

案例方法论

红领转型成功的密码是什么?

企业转型成功最关键的几点是：企业带头人要有非常敏锐的触感，能够不断找到对的方向；企业带头人要有顽强的执行力，不管别人怎么看都要坚决执行下去；企业带头人要对企业有把控力，这样转型才能不断地推进下去。

张代理这么管人：这个世界上，说服是没有用的，只有两个字有用——征服！

红领的源点理论：不盈利的企业是不道德的企业，同样的逻辑，在公司内部来看，不产生价值的部门也应该砍掉。

“精神病”老板实施超前方案：说服员工没用，只有两个字有效——征服

李连柱：回顾起来觉得最困难的时候或者说阻力最大的时候是什么样子?

张代理：基本上就在10～15年前，我说红领要做大规模定制业务，全公司只有我一个人同意，所有人都觉得这是不可能的，每个人都是这件事推进的阻力。说白了，前10年就是我自己一个人在推这项业务。因为我是老板我有权力做决定，但我压力也很大。我要推，谁不做也不行。你不做，我得踢你，我得骂你。可员工不听话和应付怎么办？背后都是泪水啊！因为这个太难了，但是我不能放弃，因为我看到了前景，再难也要顶着，就这样我推着他们做着——哪怕被他们说是精神病。即使到今天，估计公司也就顶多有50%的人明白了我要做什么。这世界上说服是没有用的，只有两个字有用——征服！

去掉人力和财务部门，源点论思想颠覆企业管理

李连柱：我今天还在探讨什么叫源点，什么叫源点论？请讲一讲你对源点论的理解。

张代理：其实 90% 的企业目标是不清晰的，方向是不明确的，100% 的企业机构设置是错误的，不是 99% 而是 100%，为什么？从源点论思想来看，产生价值的要强大起来，不产生价值的要全部砍掉，所有的一切必须和价值挂钩。对于企业来说，利润就是源点，源点论的思想告诉我们，对利润增长有利的事要去做，除此之外的事都不要做。所以我说，不盈利的企业是不道德的企业。对应这个目标，我们就要对自己的企业敢于动刀，不该要的部门不要，不该有的环节取消。

比如说财务部门和人力资源部门完全没有必要存在。财务为啥要有部？人力资源为啥要有部？一旦有了部门，员工都开始围着部门来转，这不是公司的最大利益。怎么办？打破部门，把财务和人力资源的人放在公司整个流程的节点上，所有人都对着利润这个源头来做事。同样一件事儿，对着目标做和对着部门做有质的差距。

这需要老板把公司整体的目标确定清楚，总共需要多少人？这些人是没有上级指定的，所有人都对着源点，对着利润来做。审批环节有必要存在吗？大部分产生坏事、错事儿的环节都是审批，一审批就会有猫腻。

一年前，我用红领这个 3000 人的企业在做试验样本，到现在雏形基本上出来了，有些部门的效率提升了 90%，成本降低得不得了。我们有个流程管控中心，这个中心就是管规范和流程的，但它不管事儿。如果发现某一环节不恰当，这个中心去研究为什么不恰当，把流程重塑，规则重塑，但是不允许它管钱管物。流程更新要倡导互联网思维，一定要小步快跑，要不停地优化和迭代。

红领的这套方案凭什么敢说任何企业都适用

张代理：红领最大的财富是什么？就是我们十几年中积累下来的大数据。这些数据包括某个人叫什么，怎么联系，身高体重是多少，等等。有了这套完整的数据，我们将来做的可不是某个人的一件服装，而是他终身的服装，而且将不仅仅限于西服。

未来红领这个名字将不复存在，会启用一个新品牌叫“酷特智能”。它是一个平台，相当于阿里巴巴。不同的是阿里巴巴做的是互联网消费，我们做的是互联网工业。酷特智能做四件事情：（1）C2M（顾客对厂商）电商直销平台；（2）SDE（空间数据库引擎）工程：帮助传统制造业改造，用工业化的成本和效率做个性化的产品；（3）数据驱动的智能工厂；（4）打造一个品牌模型。

为什么？因为我已经把红领的这套“用工业化的成本和效率制造个性化产品”的方法做成了一套解决方案，也就是说这是一套方法论。适用于红领，同样也适用于任何制造行业。因为在红领的整个设计思路中，是完全规范化的管理思路和标准化的运营体系，完全可以一次性把一整套的设计体系方案进行复制，方法是共通的。

这套方案不止中国的企业需要，日本、美国、德国的企业也都需要，即使美国也只有 10% 的企业能真正做到工业 4.0 的标准。因为这需要资金和实力去更新更高级的设备，大部分的中小企业根本没有这么多资金，能做的就是在原有的基础上不断地进行升级改造。

截至 2015 年 11 月 17 日，我们已经把这套方法论应用到了国内两家企业中，一个是做鞋的，一个是做羽绒服的，目前看起来还不错。当然未来不仅仅是服装，我们还会涉及更多的行业。以目前的服装和 ERP（企业资源计划）为基础，加上不同的接口，就可以复制了。

其实，复制会比较简单，因为该走的坑，该绕的弯，我都经历了。美国著名的百货公司为什么和我们合作？它就是看中了这一点，希望我们能够把它9000家供应商改造成定制的柔性的供应商，来提高竞争力。

我这个老头儿的眼光一般能比别人超前10年到15年。80年代我买电脑的时候，别人都说我有病；当我想用工业化的手段和效率来做个性化的产品时，全公司就我一个支持；当我现在想去把红领这套方案全面覆盖到其他行业中，大部分人都说我疯了。但是有一个人觉得我做的这件事儿特靠谱且有前途，那就是复星集团董事长郭广昌。他专门飞到青岛和我聊了半天，当下就拍板要给我们投资，未来可能会追加到30亿元。这在复星是非常罕见的，因为完全没有走规定的流程，直接郭广昌一个人说了算。达晨创投前期也投了我们，所以钱太好找了，关键在于你能不能真正地创造价值。

案例方法论

对于这件事，复星集团董事长郭广昌是这么说的："互联网＋制造"将成为中国制造业新的成长动力，同时也会产生一批有数据门槛兼具品质和效率的智能制造型企业，他们也将会是中国制造转型升级的重要推动力量。

清华大学全球产业4.5研究院副院长朱恒源说：酷特智能玩的是一个生态！基于个性化定制的生产能力，来撬动设计师、消费者、个体创业者这三个角色为它所用。未来的企业都将走入合作的时代，也就是说未来企业最大的竞争力在于是否具有核心资源来吸引其他企业与之合作。

张代理：因为在我们看来，顾客只对自己的风格有忠诚度，对品牌是没有任何忠诚度的。所以我们企业的魔幻工厂推出了几个系列，包括设计师推出的专业款式、基本款式、消费者自己设计的款式等。设计好以后，消费者可以到我们的店面进行量体，目前我们已经可以在全国16个城市提供线下量体。

如果消费者想更方便点，我们还有自己的魔幻大巴，只需要在平台上一键呼叫量体师，他们便可以上门采集数据。

未来，红领不是要做服装企业，而是做一个平台型企业，可以进行跨界的定制，甚至是平台化的定制。

我们现在另一个核心业务叫魔幻工厂。用SDE工程改造好的企业，就可以把产品拿到魔幻工厂上去卖。

魔幻工厂是一个平台，这个平台整合了消费者、设计师、小B（商家）客户等角色，涵盖了男装、女装、童装等各种服装。顾客不仅可以从移动端下订单，还能随时通过移动端App跟进自己的订单进度。并且魔幻工厂所有的面料由世界顶级大牌面料商直供，但产品的最终价格可能只是同质竞品的1/4或1/10。基于大数据驱动的智能制造体系，魔幻工厂能支持用户进行乃至每一粒纽扣、每一个花边的细节定制，真正实现"一人一版、一衣一款"的设计与裁剪，从订单数据上传到定制成衣出厂仅需7天时间。

从业务层面上看，包含了C2M、B2M、M2M、C2C四种模式。

C2M比较好理解，就是红领目前的模式，这个模式下的定制衣服将会很便宜，消费者花2000块钱就可以买到意大利面料的衣服。

B2M就是一些小商家可以借用我们的平台来生产，B客户只要有我们的授权，就可以下载页面，这里面可以设计自己的logo，拥有自己的品牌，直接对接我们的M厂来下单。

还有一个是C2C，这是人人创业

的一个平台。以前创业成本很高，你需要找一个量体师和一个裁缝，但是我们现在把创业简单化。创业者通过我们审核以后，接受培训，5个工作日学会量体，并且我们还会提供给创业者两个季节的料册。相当于假如你是一个创业者，我们会送你一个3D的工厂及全世界最好的面料供应商，你唯一要做的就是找到客户并服务好客户。

案例方法论

中国电子商务创新联盟专家李技说：无论是中国的“互联网+”、美国的工业互联网还是德国的工业4.0，其核心可以总结为三句话：软件定义、数据驱动、平台支撑，这三个特点在红领模式里体现得都非常清晰，GE、西门子的专家都对红领模式表示出由衷的敬佩，因为他们都还没有做到。

导师说 ___ 张代理

在过去的两年当中，海尔张瑞敏13次到我们企业参观，华为来过，中兴来过，有4000家企业来学习参观。但是说实话，大部分人还是看热闹，也有人说，你走到这一步不过是碰巧罢了。但是10年前我对红领的设想，和现在一脉相通，这完全是10多年来扎扎实实、一步一步地走出来的。

名创优品叶国富
提高幸福感，
是名创优品成功的基因
识别二维码
观看高清视频

嘉宾导师
叶国富（名创优品全球联合创始人）

访谈主持人
杨 涛（酷漫居总裁）

访谈者手记

杨 涛

叶总从创立的“哎呀呀”品牌，跨界转向了“名创优品”，他说是因为实体的落后才衬托了电商的先进。我受正和岛委托，作为岛亲代表采访叶总，可能正好因为我是电商的代表，才做出这样的安排。

名创用线下10元店的模式，以非常优美的购物环境，非常低廉的价格，把薄利多销的理念深深地植入到了经营过程之中。名创优品影响了众多对价格有一定偏好的快速消费人群，所以致使名创优品的增长速度异常惊人。

零售店成功的“四个好”

杨涛：叶总来给我们分享一下名创优品企业发展中的成功案例吧。

叶国富：名创优品只是做了一个低价的10元店，今天跟大家一起深度地剖析一下这种模式。

大家都知道，这两年互联网很热，电商很热，而我们从不做电商，名创优品坚持在线下开店。我们看到了中国实体连锁的落后，看到了经营实体连锁的这帮人没有用心做产品，只是人云亦云，别人说什么就做什么。电商这两年很火，就是以马云为代表的这些电商企业，还有个别媒体，都说不做电商就没有未来，但我看到了另外一面——我走到了日本、美国、欧洲，看到了他们的实体店做得很好。互联网是美国发明的，美国的互联网都没有实体做得好，而且实体在全球诞生了一大批优秀的企业。我在反思，难道中国实体零售真的没有希望、没有未来吗？

尤其是我看了很多日本的零售街边店做得非常棒，这是为什么？我认为无非就是四个好：

第一个好是环境好。在日本和美国，每一个店铺的装修、形象、环境都非常好。不要小瞧名创优品只卖10元钱的东西，它每一个店铺的装修不低于50万元。200平方米用50万元装修，1平方米的装修费用大概在2800~3800元，而卖的却是10元钱的东西，这种做法完全打破了中国人的固有观念。

我上次接受国家工商行政管理总局一个媒体采访，那个主编50岁左右，他说北京10元店在二三十年前就有了，他没去过日本和美国，但是中国的10元店他知道，像我这样干的，还是第一次见到。

名创优品现在大部分店面是开在购物中心里面，外部环境很高档、很时尚；内部环境如灯光、装修工具、地板、陈列的货架等都来自巴菲特投资的中国最大货架厂，这个货架厂最大的客户，是LV（世界著名奢侈品牌路易威登的缩写）。我们也用这种材料在做货架，随便一个中等货架就造价1万多元。

第二个好，就是服务好。我认为中国零售业所有的服务，全部要打双引号。“最好的服务是不要服务”，像优衣库、ZARA、H&M一样，你到他们店里买东西，有人服务你吗？没有，全部自选，你喜欢哪一个就拿哪一个，而员工在干吗？员工在搞卫生、搞陈列。

名创优品的店员在干吗？搞好卫生、搞好陈列、搞好防盗，因为到名创优品去的小偷非常多，在全国，几乎每天可以抓500个小偷。这个事情让我们很意外，说明了什么问题？第一，我们里面人很多，小偷容易下手；第二，产品很漂亮，小偷愿意偷。

而中国的零售业服务是什么样的？服装行业和化妆品行业很有代表性。今天我们很害怕走进一个服装店和化妆品店，所有的服务就是看着顾客的钱袋子进行的，这个服务让顾客很有压力，服务员、营业员跟在我们屁股后面，不断地问我们，给我们介绍，还介绍很多功能，让人很难理解。

真正的服务是需要才服务，不需要就不服务。我认为这才是中国零售行业要突破的最重要的点。让顾客随心所欲地去买，想买就买，不想买就不买，不要有任何压力。

第三个好是产品要好。首先，产品的品质要好。举个例子，我们有一款产品是女性用的眼线笔，10元钱一支，一年半左右销售了一亿支。虽然是10元钱，但我们这个产品和欧莱雅是同一个供应商，欧莱雅大概卖六七十块钱一支，我们直接10元一支。其次，产品要好用。这是刚需消费品，每个人每个月都要用一支的，女孩子每天都要化妆的，一个人一个月用一支，一年就用十支，名创优品一千多万粉丝就要用一亿支，还不包括不是我们粉丝的客户路过买的。这就是我认为的产品一定要过硬。

第四个好，是价格好。即同等品质的情况下，价格越低越好，而不是越高越好。但我们中国人喜欢赚快钱，喜欢暴利，10 块钱的东西一定要卖到 100、200，90 块钱的服装一定卖 2900、3900 才行。价格好，我认为价格越低才叫价格越好。

案例方法论

不管是线上线下，不管做餐饮还是做零售，我认为都抛不开四个好——环境好、服务好、产品好、价格好。用最好的材料，最好的人工，做最好的产品，卖最低的价格。今天的电商遇到了很大的问题，产品不好，价格确实很低，但是在没有品质的情况下，价格低伤害了消费者，伤害了商家，伤害了中国社会所有的信誉。

叶国富：不管是线上线下，不管做餐饮还是做零售，我认为都抛不开四个好——环境好、服务好、产品好、价格好，用最好的材料，最好的人工，做最好的产品，卖最低的价格。今天的电商遇到了很大的问题，产品不好，价格确实很低，但是在没有品质的情况下，价格低伤害了消费者，伤害了电商，伤害了中国社会所有的信誉。从两个角度看，第一，它对我们中国制造业和诚信社会的建设伤害很大，但它对零售业有启示，倒逼了中国零售业的改革。如果没有电商，没有淘宝，没有阿里巴巴，我们线下这些商家还依然做着美梦：100 块钱的东西卖 1000 块、2000 块钱。

杨涛：叶总，您刚才谈到了名创优品的四个核心竞争力：环境、服务、产品和价格。我想问一下，您当时创立了“哎呀呀”品牌，是在什么情况下促使您转向经营名创优品呢？

叶国富：我认为电商本质上没有创造新的需求，只是在替代旧的需求，即两个渠道在竞争。过去十年电商发展确实很猛，毫不客气地说，抢了一半的实体零售业绩，导致实体零售业不得不去转型。好在我年纪比较轻，善于学习，善于到国外去观察，而国内的企业被这些电商忽悠了，一窝蜂地都去做电商了，而不动脑筋在实体零售上去改变，没有看到零售的本质。

美国的电商，每个产品都做得很漂亮，实际是在向实体零售业学习，而我们中国的实体零售太落后了，反而感觉电商对产品的包装、产品的文案、产品的形象设计做得很好。

杨涛：我知道您开了1300多家店，单纯注重线下店铺的高速成长，会不会把整个企业变成一个重资产的问题企业呢？

叶国富：人是我们的，店铺都是租的，不是很重的资产，如果店铺是我买的，那叫重资产。

电商只是一个销售通路

杨涛：在名创优品的商业逻辑里，对线上的电商销售，采用了一种近乎于抵制的状态。您有没有考虑过消费者实际的购物需求，尤其像一些年轻人的购物需求在发生变化呢？未来的趋势会不会因为这种消费者需求的变化而对名创优品的模式产生影响呢？

叶国富：以马云为代表的电商忽悠了一些老板，认为以后年轻人不在线下购物了。为什么不在线下购物了？其实真正原因是我们过去的传统线下体验太失败了。优衣库是全球服装行业开店最多的，在中国开了300家店，名创优品一年内也开了1000多家店，如果线下没有希望，这些店能开得起来吗？

哪儿的商品好，消费者就到哪儿去买，线上的好就到线上买，线下的好就到线下买。而且今天消费者更愿意到线下去买，而不是线上，因为线下更有体验感。偏爱线上购物的，无非是因为过去线下服务太差，环境太差，价格趋高。

我不是坚决不做电商，哪天马云

说流量不收钱，免费我就去，如果收我流量费，我肯定不去。他收你的流量费用和你在地面购物中心开店的成本，难道不是一样的逻辑吗？王健林跟马云本质上没什么区别，一个在线上收流量费，一个在线下收房租。但我的强项是什么？第一，我的强项是线下；第二，现在线上的红利已经没有了，把产品做好，把服务做好就行了，是否电商已经变得无所谓。

未来核心的需求还是在消费者身上，当消费者具备了对一个产品的刚性需求时，不管是线下还是线上，只是一个消费通路而已。

名创模式，每个行业、每个企业都能用

杨涛： 消费者有选择的权利，比方说像我们企业的经营模式是一个典型的O2O结构。我们把动漫的形象和儿童的居室环境做了一个整合，重点是在线上影响消费者，包括天猫、京东、当当、唯品会等等这些第三方平台，还有自己的资源平台，与消费者深度地对接。除了移动互联网，我们也有地面体验店，开在了类似像红星美凯龙、居然之家、万达等卖场中。

现在零售的经营环节，重心还是要放在满足消费者日新月异的需求变化上。名创优品影响了众多对价格有一定偏好的快速消费人群，使得业绩增长速度异常惊人，这样的商业模式，难道不能有人模仿吗？

叶国富： 我希望大家模仿。2015年我在谈“名创优品”，2016年我在谈“名创模式”：用最好的材料，生产最好的产品，卖一个惊喜的价格，用最好的环境让消费者体验。

这种模式很好，销售服装鞋帽都可以模仿，甚至卖红酒的都可以做。美国的红酒，10美元的是很好的了，而在中国要想喝那么好的红酒不花一两千元绝对喝不到。

模式很容易学，这个模式其实放在每个行业、每个企业都有用。中国只有一个企业——任正非的华为把这个战略运用得最好，但是他

不对外讲，东西做得很好，价格卖得很便宜，并卖到全世界去。在制造业中，用得好的还有日本的丰田。

前几年，日元贬值，日本的东西便宜了，丰田的效益却非常好，日本一个财经媒体记者去采访丰田总经理，问丰田利润高了是不是很开心？他说丰田的利润高不是件好事而是坏事，这让我们的员工不精进了，他们认为企业的钱好赚了，就开始浮躁了，不用那么卖力工作了，随便做都可以赚钱了。他说我们还要降价，把利润降到一定的水平，不要让员工产生浮躁情绪。这恰恰也是华为的精神，任正非说华为不要上市，要保持艰苦奋斗的精神，要保持一定的利润，把成本再降低，让利给消费者，让利给商户。日本讲精进，什么叫精进？就是每天都要进步，保证合理的利润，保持竞争力，保持对品质的追求。

我们要在品质上下功夫，在团队上下功夫，而不是利润很多了就去享受。我们看到中国千千万万的企业，一旦上市高管就没有动力了，老板又急得不得了，要去换一批人。不是说上市不好，丰田也是一家上市公司，但上市公司的利润是可以控制的，可以降价，可以保证一定的合理利润，这就是企业家的价值观。

案例方法论

任正非说华为不要上市，要保持艰苦奋斗的精神，要保持一定的利润，把成本再降低，让利给消费者，让利给商户。日本讲精进，什么叫精进？就是每天都要进步，保证合理的利润，保持竞争力，保持对品质的追求。

靠产品说话

杨涛： 当您的企业快速成长的时候，一年开1300家店，企业团队的建设和人才战略是怎样的？怎么样来适应这种高速的增长，让您的价值观能够稳定地执行下去呢？

叶国富： 价值观执行很容易，老板只管定价就行了，价格要严格控制。我们这两年最大的问题就是团队的成长，也通过猎头挖了很多零售管理经验很丰富的人过来。

杨涛： “空降兵”能够认同您的价值观吗？

叶国富： 认同，不认同肯定干不下去，我们仅HR部门就接近100人，全部管理人员接近20000人，而且分布在全球各地，我们自己还有一个培训学院，有30多个培训老师。

我们有一种“带帮制”，要求一个店长培养三个甚至五个店长。我们这样的零售企业人才还是好复制的，而且我们把标准做好之后，复制还是很简单的。就像麦当劳一样，一年开10000家都没问题，因为它全部是高度标准化。你去了之后，简单一培训就可以上岗。

也就是说，我们要淡化服务，后端、总部、核心人员要把产品打造好，把模式做好，到了终端要变成傻瓜模式，要抓一个人过来半天培训就可以，甚至不要培训就能上岗，把卫生搞好、陈列搞好就行了，不用推销产品，不用讲这个产品什么化学原料，什么高科技，什么美国产……好不好顾客会看的，今天的消费者有傻瓜吗？今天的消费者很聪明，说得越多，对方反而觉得产品越次。什么都不说，往那儿一放，价格标好，这就是最高境界。

过去，服装企业和化妆品行业，人工成本占销售额的20%以上，那时靠服务发力，我认为在中国服务就是“忽悠”。未来任何企业要靠产品发力，不是靠服务发力，服务降到10%，产品研发和产品制造要投入20%、30%的资金进去，把产品做好，靠产品说话，靠产品去传播。

案例方法论

我们要淡化服务，后端、总部、核心人员要把产品打造好，把模式做好，到了终端要变成傻瓜模式，要抓一个人过来半天培训就可以，甚至不要培训就能上岗，把卫生搞好、陈列搞好就行了，不用推销产品。今天的消费者有傻瓜吗？今天的消费者很聪明，说得越多，对方反而觉得产品越次。什么都不说，往那儿一放，价格标好，这就是最高境界。

产品少了才能好

杨涛：现在整个企业是怎么针对品类非常多，但是客单价又非常低的这样一种零售商品的研发呢？您的研发团队是怎么构成的呢？

叶国富：我们的产品研发团队有将近200人，我们从不随便出一个产品，出一种产品之前，我们要做很多线上线下的调研。比如眼线笔研发出一款，香水研发出两三款，这两三款一定要卖到火爆。

关于产品开发，乔布斯给全世界的企业家上了一课——产品的品种一定要少，产品的品质一定要好，只有品种少了才能好，品种一多想好都好不了。苹果如果一年搞十款产品，就不会有今天的苹果，一定是越少越好。我们也是聚焦到每一个细分品类里面，越少越好。

用共享经济来做实体零售

杨涛：名创优品围绕个人生活开发的产品有哪些品类？

叶国富：我们名创优品就像一个宜家一样，是一个小而美的爆款平台，我们会开发若干个爆款，3000种产品，真正好卖的也就20% ~ 30%，其余70% ~ 80%是做陪衬的。

套用互联网的语言，要把共享经济用到实体里面，叫“大B套小B”、C2B、B2C，小B和C的活我都干了。过去开店是一家店加两家店叫“线性增长”，我现在要“直线增长”。我们要在越南选五个城市，每个城市开500平方米的店，门口挂个牌子，翻译成中文是“8块钱一件”，批发零售兼营。这些国家的批发商，不用到中国了，在当地就能拿到产品。

按这个战略执行下去，目标是三年全球达到1000亿元人民币的销量。我在每个国家建一个超级大型的仓库，让整个国家所有的店都在卖我们的产品，这叫共享经济，不用自己开那么多店了，用你们的店，我给你们供产品就行了。

杨涛：在名创优品这样的商业模式中，您觉得最大的挑战是什么呢？

叶国富：最大的挑战我认为还是人才的挑战，研发人员是不是国际化，能不能针对每个国家去开发产品？实际上我们这个模式就是优衣库的模式，已打遍全世界，已经很成熟了，但我们比优衣库的爆发力更强。

六字箴言——品质、创意、低价

杨涛： 名创优品创立到现在，从您的股东、高管那里，包括社会上，有没有听到一些不同的声音，有没有人对这个模式产生质疑呢？

叶国富： 看不懂的就质疑，我们内部从来没有人质疑。我们企业的一个股东是日本设计师，他说这种模式是他一出生就接触的模式，一直走到今天。我们拉他做股东就是希望他把这种思想深入到我们的模式里面——坚持自己的设计，坚持低价，坚持高品质。所以我们名创优品有个六字箴言——品质、创意、低价。品质一定放第一位，设计放第二位，价格放第三位。没有品质的基础，价格没有意义，抛开了品质谈价格，就是欺骗，甚至诈骗，我认为这是杀鸡取卵的商业行为。

案例方法论

名创优品有个六字箴言——品质、创意、低价。品质一定放第一位，设计放第二位，价格放第三位。没有品质的基础，价格没有意义，抛开了品质谈价格，就是欺骗，甚至诈骗，我认为这是杀鸡取卵的商业行为。

杨涛： 现在的天猫、京东等一些电商平台，对于品质的重视程度其实也是非常高的。未来是海陆空联合的一个体系，既有线上的板块，又有地面的零售实体，我觉得这可能是一个比较丰富的渠道逻辑了。

叶国富： 我认可你的说法，但令人惋惜的是，我们今天依然看到，以马云和刘强东为代表的电商依然只是在喊口号，没有实际行动。如果马云和刘强东敢全部自产自营，不搞平台，把品质做好，把价格做好，他们就会有希望。

未来好的电商一定是以线下为主、线上为辅的，而现在恰恰相反，线上量很大，线下量很小，这叫头很大、脚很轻，头大脚轻就像吃了三聚氰氨奶粉的娃娃，是不正常的。

导师说 叶国富

央视一个记者说，我终于发现了一个秘密，你们名创优品卖得这么火，是因为这些顾客都喜欢到你们店里占便宜。我说这不叫占便宜，这些顾客到我们店里买东西感觉很幸福，提高了幸福感，花100块钱可以买到1000块钱的东西，你是不是感觉很幸福?

我们的店员和店长也感觉很自豪，他们帮顾客省了很多钱，是在为降低物价、提高全社会的幸福感做贡献，顺便还赚了钱。

我认为，未来每个企业、每个品牌要想拥有持久的生命力，就要从如何打造顾客的幸福感着手，让顾客进去很开心、很幸福。让中低收入人群到我店里买任何商品都买得起，想买啥就买啥，想怎么买就怎么买，不要有任何购物压力。到我们店里，瞬间实现你的财务自由，想怎么做怎么做。

我最后就总结，幸福感是名创成功的基因。

苏交科符冠华

好企业要靠制度管理、文化管理

识别二维码
观看高清视频

嘉宾导师
符冠华（苏交科董事长）

访谈主持人
李文强（中国共赢投资董事长）

访谈者手记

李文强

很多企业都会面临这样一个问题：招了很多人过来但是都不实用，因为能招到相同理念的人过来，这一点非常重要，也颇费周折。一个企业的兼并收购最关键之处是文化统一问题，在这方面符总是把文化趋同、认同的人放在一起，我觉得这一点是值得大家学习的。

案例方法论

在组织创新方面，主要还是围绕着投入、产出、效率展开，一定要关注企业本质的东西，包括企业文化等要素，而不是去做虚架子。

发展实际上主要靠人，最值钱的资产是人才队伍，而不是硬件。

要依靠财务管理系统、人力资源管理系统、营销管理系统等等支撑人才队伍发展。这个系统做不好，人才队伍一定会散。

好企业没有惊天动地的事情发生，它静静地为未来发展积累实力，同时不断按照它的计划、战略管理前进、完善。

符冠华：各位岛亲你们好，我向大家汇报一下苏交科的成长历程。苏交科原来是一个事业单位，在 2002 年转变为一个工程咨询类的民营企业，当时是 108 个人的编制。经过十几年的发展，苏交科集团成为我们第一个挂牌上市的咨询类企业，成为拥有两个国家重点实验室的科技型企业。目前我们拥有 3500 多人，去年的咨询业务产值达到 21.6 亿元，在国内的咨询业里面是名列前茅的，在国际工程咨询排名当中排到第 108 位。

我们国家在工程咨询业跟整个咨询行业一样，包括我们的制造业和其他行业，和发达国家相比是比较落后的，像全球排名第一的工程设计类的公司 AECOM，现在年收入应该超过 160 亿美金，而国内再大的公司也远远低于这个数字。

而且国内工程咨询业的外部环境、内部成长机制和这些优秀的企业相比还很落后，我相信中国的企业再经过若干年，一定会有一批咨询企业成长为世界型的企业，我也相信苏交科会成为其中的一员。

发展主要靠人才

李文强：您对未来是怎么规划的？

符冠华：中国的工程咨询行业确实比较零散，市场分割状况也比较严重，我们依靠科技进步走到了全国31个省市自治区，在国外也有一些咨询的任务。

未来发展，我们想通过兼购并购、创新、资本运作、跨国经营，把我们企业推上新的高度。在我们成熟的业务当中，也兼并收购了像厦门市政设计院、淮安交通设计院、杭州华龙设计院这些团队。苏交科越来越像一个创新创业的平台，有更多的人加入到这个团队当中来，一起为实现我们的愿景和使命奋斗。

苏交科的发展实际上主要是靠人，我们最值钱的资产是我们的人才队伍，而不是我们的硬件。苏交科往往会为某一个团队专门成立一个公司，或为了这个团队去并购一个公司，因此壮大我们人才的队伍。同时我们在内部的整个人才培养上也是花了血本——早在2009年就成立了自己的大学培养人才。

对于国外兼并收购来说，我们更看重的也是人才队伍，咨询业的发展实际上是靠人的智慧，所以我们尤其注重人才队伍，在兼并收购最后的决策关头，问的最重要的问题就是这个队伍和我们文化相近吗？他们未来能创新创业吗？如果这些回答都是"yes"，未来我们和他们的整合就会形成非常良好的局面。

以企业文化笼络人才

李文强：在企业兼并和收购当中存在最大的问题障碍往往是什么？文化的认同方面，你们公司是怎么做的？

符冠华：目前为止我们在兼并收购当中遇到的最大难题就是跨文化的兼并收购。不同的地域，不同的公司，企业文化一定会不一样。但如果企业文化差异太大，这种跨文化的管理整合就需要投入巨大的成本，所以我们在兼并收购时特别注重对企业文化的考察。

我们希望和文化相近的团队共同发展，所以未来苏交科的一个能力就是跨文化管理，尤其我们要到海外发展，兼并收购海外比较大的公司，这是检验我们能力的一个重要方面。

人才是发展的重要基础，所以我们在人才管理、挖掘和培养上投入了巨大的成本和精力，包括薪酬、改革、股权激励等方面。苏交科已走在这个行业的前列，未来在这方面的力度会更大。

除了在母公司进行股权激励之外，如果我们内部的创业团队愿意自己创业，苏交科也会给他调配资金去鼓励，只要他能把这个项目说清楚，配多少资金根据他的需要调整。公司内部也不断地发消息发文鼓励有创业冲动的员工，公司、员工可以进行合理配置。同时外面的合作团队我们也会给他配置，员工持有股份共同发展。

激励只是一个方面，对那些优秀的人才，我们在风险把控上面也有相应措施。实际上，我们依靠财务管理系统、人力资源管理系统、营销管理系统等支撑人才队伍的发展，这是几千人在一起工作的必要的基础，甚至整个组织的进步是依赖于这种系统的进步。这方面我们花了很多功夫，因为这个系统做不好，人才的队伍一定会散。

我们也出现过骨干员工离职，带着业务走掉的现象，尤其是在某一方面的业务不够强大的时候。这种情况对企业有很大的杀伤力，但你无法阻挡这样的事发生，能做的就是把各个系统建设得更完善，把大家的合力发挥得更好。因为我们的目标不是做成包工头式的咨询单位，如果这样的话，中国的咨询企业永远不能达到更高的层次。我们希望汇聚各方智慧加入到苏交科，让更多人发挥作用，并让他们得到应有的收入和事业的发展，同时使苏交科的事业也更上一层楼。

以量化提升竞争力

李文强：正和岛走进过小米、腾讯、阿里和新希望，他们成长的一个共同特点就是成本非常低，有时只有同行业的 1/25，甚至更低。我们是自立民营的企业，在压缩成本方面，知识分子型的员工要求薪水很高，在这方面你们怎么去压缩成本，怎么提高核心竞争力？

符冠华：这个问题，我们实际上早就提出来了，也一直在努力。我们希望把苏交科做成一个高绩效、高薪水的公司，不想在员工的薪水方面比同行业低的水平或者说从这里面去挖掘利润，但是我们希望通过效率和管理能力去压缩成本，推动企业可持续发展。现在基本上也这样做了，我们员工的薪水、营业规模、利润都处于同行业的领先水平。

相对于同行来说，在企业文化建设方面，我们做得比较好的是绩效文化。就是确定量化指标，让优秀的人才能够很快地找到发挥作用的地方，这种文化在行业当中还是比较优秀的。对一个企业而言，最关键的要素是我们要被认同、被认可，苏交科在认同文化方面做得非常好，员工优秀就是优秀，我们正是靠制度、绩效文化，减少了论资排辈这样的传统。

工程师思维让企业更加稳健

符冠华：我对企业的认知是这样的，最好的企业没有惊天动地的事情发生，它在悄悄地积累，静静地在为未来的发展积累，同时它也不断地按照它的计划、战略管理向前推进、完善，这样的企业才是正常的企业。

经常上窜下跳的企业，让我都觉得拎起来会烫手。苏交科的经营战略都会按照成熟的业务、新兴的业务、烫手型的业务分类，不希望今天突然间有个烫手型业务变成主营业务，在苏交科不允许这样的事发生。我们希望自己能不断地确认未来三年以后，新型业务能不能成为主营业务，能不能成为成熟业务，烫手型业务能不能培育成新型业务。

不会像一般的企业赌性很大，今天就可以决定明天把房地产作为主营业务，但是在苏交科不可能，我也许就能做这个决定，但是没得到组织拥护的就不可能，因为我们的优势不在那方面。我们可能选择 1% 的业务做房地产，然后成长为 5%，直到增长到 20% 的时候，我们下决心可以把它作为一个主营业务。这没有什么对错，这就是企业文化形成的理念。

也许快速决断的决策方式是一些企业成功的秘诀，但是在苏交科，自身的管理方式就是我们成功的基因，我们不会一夜之间改变我们的主营业务，苏交科没有这样的文化。

企业文化不能只做空架子

符冠华：首先，作为企业的领导人，最重要的一件事情就是管理自身的愿景和使命，让相同使命的人进入这个企业，让愿景在战略层面不断得到实现，这是作为企业领导人最重要的责任。把这个事情做好了，企业 80% 的事情也就做好了。

在组织创新方面，有些企业可能主要还是围绕着投入、产出、效率下功夫，其实一定要关注企业本质的东西，比如企业文化不是去做虚架子。在苏交科，很少能看到标语，而是把企业文化纳入到制度体系里面，纳入到选择人才队伍的标准当中，让真正的企业文化的核心支撑企业的发展。因为最终的企业文化不是为文化服务，而是为战略服务，为愿景服务，为未来要实现的使命服务。

在这一点上，我们最终形成了以绩效和奋斗者为根本的文化形式，促使我们所有的岗位员工都不断在自问：我怎么能做得更好？我怎么能投入更少？怎么能产出更多？怎么能超越自己？怎么能超越同行？

面对颠覆，未雨绸缪

李文强： 现在都在谈论互联网+，你们已经是非常前沿的自立型企业，就像中国以前是中国制造，现在我们讲德国工业4.0，中国在做中国制造2025，其实就是讲了一个精密思维和精益制造的问题，而你们在中国自立制造方面是引领者，还有一些什么新的规划吗？

符冠华： 虽然我们是处于只提供咨询服务的产业链上游，但实际上我们这个行业仍然属于传统行业，未来受互联网的影响会非常巨大，我相信不远的将来（也许5～10年）互联网一定会把苏交科的运作模式颠覆掉，我们也因此很焦虑。所以提前做谋划，苏交科和猪八戒网联合投资成立了八戒工程网，希望未来通过这个互联网公司把我们现在的3500人的企业变成几百人甚至几个人，因为互联网不需要对个体的行为进行管理，只要对他最终的成果进行管理就可以了。

这个过程会很漫长，因为这当中有太多的人员标准、项目标准、质量标准，甚至出现突破国家法律法规的问题，但苏交科愿意在里面扮演开拓者的角色。而且我相信，我们未来的网上设计院会颠覆掉这个行业。

我最近的梦想是，把苏交科打造成一个能代表中国力量的工程咨询企业，成为真正国际化的公司，完全颠覆现在的管理模式，调动的资源是全球最优秀的自立资源。

可以想象，如果我们的网上设计院成为现实的话，不管一个人是什么国籍，不管他在夏威夷度假，还是在某个地方工作，要管理的只是工作的成果，而且这个成果是为中国和全世界服务。短期内，我们会基于长期自立的经历，打造出一个中国咨询业弯道超车的重要案例。

导师说 ___ 符冠华

苏交科跟整个中国经济是紧密挂钩的，如果房地产行业败落，我相信政府从土地当中拿到的资金就会变少，我们所投入的公共基础设施就一定会随之减少，比如说地铁、城市的道路、管廊的建设等一系列工程项目都跟我们的业务非常相关，所以我不希望中国的经济和房地产发生这种断崖式下跌，这对我们来说是个灾难。但同时我也不用担心中国未来的宏观经济形式，因为这当然不是一个苏交科这样的企业所能够支撑的。另外一点，中国人“5+2”“白＋黑”的工作状态在全世界都没有，所以只要我们的政策好、对路，如果政府还能减税，中国经济一定会起来的，也许现在就是短暂的一个困难时期，因为中国人民太勤劳了。

在未来某个时期，如果中国经济出现比较困难的状况，或者说房地产行业产值下跌影响到苏交科发展的时候，我们会严阵以待，这样的情况我们推演过很多次。同时也在不断促进相关业务的发展，比如我们围绕着主营业务也拓展了其他一些业务，甚至于我们要到澳洲、美洲、欧洲去收购一些公司，来平衡未来可能发生的断崖式下跌的情况。

尚品宅配李连柱

C2B 模式下该如何激活个体？

识别二维码
观看高清视频

嘉宾导师

李连柱（尚品宅配董事长）

访谈主持人

史　船（联合冶金董事长）

访谈者手记

史　船

李连柱李总是正和岛上非常知名的岛亲，他有着非常强的学习能力和转化能力，听李总介绍尚品宅配的整个C2B模式，谈到了如何满足用户，自然而然就产生了与互联网思维里的“用户思维”一样的概念。尚品宅配不仅打造了一个整体销售的平台、一个服务的平台，同时也打造了一个信息化系统共享的平台，非常了不起！

史船：今天很高兴接受正和岛智库的邀请，来采访在我们岛上非常知名的企业家李连柱。

李连柱：史船在我们正和岛上也是名人，并且是一个极具跨界思维的人。

史船：能简单介绍一下您自己包括尚品宅配吗？

李连柱：我叫李连柱，确切地讲，其实我们是一个跨界的公司，我们从软件行业，最后跨界到家居行业，被很多人认为，这种做法对国内传统产业转型升级是极具参考价值的。

我们是做软件起家的，为什么最后走到了全屋定制的家居行业呢？在卖橱柜、衣柜这个环节，一个设计软件如何给顾客提供一个免费的设计服务？因为有免费设计服务，让顾客买得很放心，其实就是站在用户角度考虑问题。用户体验做得很好，顾客就把订单给你了。我们尚品之后整个 C2B 的发展模式，也是按照这个路径进行的。

对用户个性化需求的关注，是 C2B 成功的基础

史船：C2B 模式是怎样产生的？经历了哪几个阶段？

李连柱：我们不要把注意点集中在 C2B 这个名称上。我们在初期就为顾客的家居空间着想，因为房价很高，怎样把很多空间充分利用好，要站在顾客角度看问题。当时的软件可以让顾客在买家具或者装修时，就把空间和自己喜好的风格先在软件上虚拟设计，按照顾客的空间结构、喜好、功能要求来做。那个时候，我们只是想着为顾客做个性化的定制服务。

当时的厂家还停留在有限定制的产业思维里，比如这个衣柜，只有其中一个小环节可以改，其他都不能改，仍然是卖方市场的思路，是以厂家利益为出发点考量的。其实我们应该有反向思维，从顾客的需求端来看问题，会有非常大的商机。那时我们就从顾

客角度出发，想着我们怎么去满足对方，当所有人在做一般定制的时候，我们就要做全屋定制。

史船：现在大家很关注 C2B 的商业模式，对企业经营、组织变革、企业文化和市场营销等方面会带来哪些变化？

李连柱：从行业的角度看，大家要去考虑自己所在的行业将会发生什么变化。经历了二三十年，尤其最近的五六年，我们这个行业的发展速度非常的缓慢，所有企业几乎零增长。而在尚品宅配等企业的带动下，整个中国家具行业出现另外一种景象：一下子出现了很多定制企业，我觉得是非常好的现象。

这几年所有做定制的企业都得到了非常好的发展，背后的原因是什么？因为定制符合了顾客的个性化需求，对个性化需求的关注，带动了行业发展速度的加快，用户的关注度进一步提高。

市场倒逼，寻找差异化能力

史船：这是什么原因呢？

李连柱：我觉得原因有两方面。一方面来自消费者，今天的主要消费者是“80 后”和“90 后”，这个时代的人更多强调自己个性的张扬，突出自己与众不同，求自由、求自主。必须承认，“70 后”其实受“80 后”和“90 后”的影响也很大，所以造成了我们主要的消费群体——“70 后”“80 后”“90 后”都正好符合了这个时代的特点。这是从顾客角度出发来看问题。

另一方面，整个行业的产品同质化太严重了，在这种情况下，大家只有去打价格战。越打价格战，企业越困难，所以这时企业就会从自身寻找差异化，或者从产品本身寻找差异化，或者从产品服务上寻找差异化，这也是一种市场倒逼的行为，你要突围，就必须有突出差异化的能力。

这种突出差异化的能力，其实是通过个性化定制的方式来形成新的竞争力的，这也符合我们现在讲的供给侧改革。供给侧改革实际上让产品升级，让大家不要在很平庸的领域中，通过产能和规模来竞争，而是我们应该深入到更符合用户需求的产品提升层面来竞争。

智能制造是“以软带硬”的美国模式

史船：C2B 这种商业模式，除了给行业带来变革以外，给尚品宅配内部又带来了哪些变革呢？

李连柱：我曾经写过这样一个微信分享，叫“C2B 倒逼工业 4.0”，怎么倒逼呢？在早期，我自认为我们只做了一件事情，从学术角度讲叫信息化与工业化的“两化融合”。大家不要觉得尚品宅配有多神秘，简单来讲，这种运作就是让车间信息化，引发我们走向这条路的是一张数字标签，这张小小的数字标签就使得每一个板材或者零件，和加工的设备之间进行通信。

在这种情况下，你会看到一种景象：当一个板材经过一台设备的时候，一扫描一识别，板材就告诉机器：我这块板搬过来了，你开始加工我，你要做哪些动作，你如何加工我，用哪个加工指令加工我……其实这就是工业 4.0 当中最核心的一个东西——零件指挥设备、指挥机器把自己加工出来。

案例方法论

工业 4.0 当中最核心的一个东西，就是零件指挥设备、指挥机器把自己加工出来。

比如第一步，如何把板拆开，如何打孔，这是加工过程；下一步是如何把每一包里面的哪几块板再组合在一起；每包完成以后，出一个二维码，每个顾客订单形成一个序列号；最后送到全能立体仓库，进哪一个位子，什么时候进什么时候出，完全自动化。我们当时就这样在无形当中走出了一条“两化融合”之路。

尚品宅配从一开始就用信息化来驱动自动化，形成一个从市场的前端到生产，一直到供应的整个链条。其中我最大的体会就是，企业要迈向智能制造，首先要让自己的车间信息化，关键前提是老板要有这种意识，去建立一个信息化系统，否则你想一步走到智能制造阶段是不可能的。

案例方法论

我最大的体会就是，企业要迈向智能制造，首先要让自己的车间信息化，关键前提是老板要有这种意识，去建立一个信息化系统，否则你想一步走到智能制造阶段是不可能的。

李连柱：所以当企业在实施智能制造的过程中，一定要重视那些系统，重视那些软件。美国叫工业互联网，是用软件驱动硬件，加上发展策略；德国因为制造业技术非常好，所以是用硬件来带动软件。美国和德国一个是自下而上，一个是自上而下，都是软硬件的结合。

我们公司的策略是“以软带硬”，无论是研发还是生产，都是用“以软带硬”的策略去做，这是尚品宅配在C2B商业模式及智能制造上走得非常靠前，而且实际应用转化率很高的原因。当然，因为我是软件公司出身，有点像上面提到的美国策略，由于我软件很强，做尚品宅配之前我从来没有摸过设备，只是充分利用了中国制造业非常好的制造基础。

例如研发设备，我们的研发人员把方案研发出来，利用互联网技术，能把每一个零部件一瞬间发布到全国各地（主要是进入江浙一带和广东省）制造业比较发达的地区的厂家去。你真的想不到，也让我很惊讶，一瞬间，全国各地的加工企业就能把各个零配件全部给你加工好了。

这些加工企业原来都是给国外那些非常有名的大制造公司加工零配件的，中国的制造业发展了二十多年，基础非常强。所以，我们有软件研发的能力，再加上设计方案，用软件和网络把硬件连接起来了，就实现了智能制造的目的。

案例方法论

中国的制造业发展了二十多年，基础非常强。所以，我们有软件研发的能力，再加上设计方案，用软件和网络把硬件连接起来了，就实现了智能制造的目的。

国内大部分制造企业更适合德国模式

李连柱：对中国的大部分制造企业来讲，德国的模式可能更适合他们，因为大家本身就是用设备制造设备、用设备生产产品，以硬件来引导软件研发。

接下来就是怎样把工业 3.0 从销售端到供应链互联网化的问题。一些制造企业，过去在国内外订单量很稳定的情况下，生产能力很强，可现在由于渠道和用户需求的变化，要直接面对 C 端（消费者端），他们反而手足无措。这些企业会发现原先所构建的对于渠道的依赖性太强，无法施展手脚了，而尚品宅配却是从 C 端开始启动。如果过去是个生产能力很强的企业，并不是现在接不到国外订单，而是国外有些订单他做不了了，或者已经没有利润了。

打个比方，原来国外给你一个规模化订单，你生产一万件，哪怕是微利，你的成本控制等方面都可以保证。但是今天给你一个订单，也许是一万件完全不同的产品，你根本就做不了。为什么我会有这种感触？

其实一开始的时候，我自己并不想建工厂。建了一个工厂以后，我说我们换个思路，做个轻公司，委托别的工厂帮我们来做。有些工厂也是给国外加工产品的，甚至给一些很有名的企业做加工，但是几个月下来他们做不了了，为什么？一开始我们给他几十个订单，他可以做，给他一两百个订单的时候，他做不了了。所以说，一些企业原有的基础生产方式还不能符合个性化定制的要求，其生产节拍、生产节奏和工作的安排，无法进行调整，如果调整，成本会变得更高，反而不能满足委托方的要求。

先不要想转型，先想升级

李连柱：对大部分制造企业来讲，我觉得先不要想转型，而是先考虑升级的问题。怎么升级呢？从原先大规模地生产同一产品，走入能够生产个性化产品，利用互联网去做，只要生产能力符合客户的要求就行。不是我们没有这个市场，而是我们能力没有跟上。

现在和我们合作的一些企业，受我们的影响，也在倒逼自己适应新的商业模式。我们给对方施加一种压力，他们必须满足我们的要求。他们逐渐积极地应对，积极做改变，发生了很大的变化，也可以给我们做定制了，也可以按照我们的订单指令，每天五张、十张地生产，甚至于按照我们的指令，直接把货送到顾客家。

一上一下模式倒逼物流供应链改革

史船： C2B这种商业模式，包括大规模定制化，不仅改变了尚品宅配自身，实际上也改变了整个产业链。您能举个例子吗？比如对于物流供应链，在哪些方面产生了变化？

李连柱： 举个例子。早期，我们采取“个性化营销、柔性化生产、社会化物流”的策略。和我们打交道的物流公司有四百多家，都是传统的模式。我们把一个城市的货送到一个指定的物流站，运送过程当中他们再去分包和分发，造成运送过程中有大量的破损。我们就开始倒逼这些物流公司，从厂里拉货，必须遵循“一上一下”原则，即从工厂上，同时下到某个城市加工商的仓库中，中间不间断，有两家物流商老板很有眼光，很敢投入，真的投入了几十辆车，把我的几条线全部包了下来。

我们现在全国有大概三十多条线全是“一上一下”这种模式，无形当中让物流公司的商业模式发生了根本性变化。比如货物到北京以后，以前是由其他物流商再去分配，现在这件事情也由我们合作的物流企业来承担了，最后变成其不仅从工厂承担了到北京这条线，同时北京到顾客家那条线也承担了，所以对方经济效益也很好，这是一个大的变化。

另外，我们正在开始尝试一个新的小范围模式：生产线上下来的包装好的家具，按照指令直接进入到集装箱，然后就进入车头、车厢模式了，每个车头按照我的指令，直接接哪个车厢。

这就引出 C2B 模式一个很大的变化，是全价值链的变化，不仅是在内部，实际上也延伸到了供应链，按需生产或按需供应，从我们的生产端直接贯穿到物流端和服务端。

案例方法论

生产线上下来的包装好的家具，按照指令直接进入到集装箱，然后就进入车头、车厢模式了，每个车头按照我的指令，直接接哪个车厢。

这就引出 C2B 模式一个很大的变化，是全价值链的变化，不仅是在内部，实际上也延伸到了供应链，按需生产或按需供应，从我们的生产端直接贯穿到物流端和服务端。

生态圈的搭建，前提是有“共同语言”

李连柱：再举个例子，早期我们采购一些电器，然后卖给顾客。从 2015 年开始，老板电器和我们合作，它的电器、烟机、炉具等，在整个销售端跟我们的厨房和橱柜一起卖。这是个新模式。

后期订单一分拆，自动进入到我们供应商的管理系统，我们的终端遍布全国各地所有老板电器的经销点，他们按照我们的指令，按时把那个烟机送到顾客家安装。当我们的橱柜安装完的时候，他们按照指令把电器（包括烟机、炉具）安装好。

这是很大的变革，证明协作是可行的，要调动多方供应商共同来协作，保证最后的交付；这是个很大的系统，横向连接并作为基础，通过我们的设计，把实物的尺寸、风格、功能规划好，打包卖给顾客。这是一个完美的解决方案。

这种方式也倒逼我们自己逐渐从原先单一板式家具定制或者一个配套商，走向了一个平台企业，很时髦地讲，叫平台生态圈、平台经济、商业生态。接下来，卖挂画的、卖灯具的、卖墙纸的、卖花瓶的，都是按照这种思路来做。

互联网电商经过这几年的洗礼，很多企业已经开始适应这种模式了，整合有能力的企业，借助我们平台来销售，为消费者打造这样一个整体家居平台，达到一个社会化协作的理想状态，各自有分工，共同组成在一起。这种协作一定依赖于我们的信息化系统，是大伙共享共用的。

案例方法论

我们自己逐渐从原先单一板式家具定制或者一个配套商，走向了一个平台企业，很时髦地讲，叫平台生态圈、平台经济、商业生态。接下来，卖挂画的、卖灯具的、卖墙纸的、卖花瓶的，都是按照这种思路来做。

史船：您打造了一个整合销售的平台、一个服务的平台，同时也打造了一个信息化系统共享的平台。

李连柱：心态要打开，做到共赢甚至于共生，这个生态圈是我们发展的方向。在这个行业里，也需要企业老板有这种意识：认同彼此的价值观和理念，并懂得和他人协同。如果我们能够以尚品宅配来推动家居行业建立一个标准，这个标准就是“共同语言”，谁按照“共同语言”行事，我们就在这个供应链体系下为我们的客户服务，而且我们之间的沟通是畅通无阻的，我们的信息、效率和生产、市场服务都是一致的。我觉得这对于中国制造业的进步，包括消费需求的升级都是有好处的。

案例方法论

生态圈是我们发展的方向。在这个行业里，也需要企业老板有这种意识：认同彼此的价值观和理念，并懂得和他人协同。如果我们能够以尚品宅配来推动家居行业建立一个标准，这个标准就是“共同语言”，谁按照“共同语言”行事，我们就在这个供应链体系下为我们的客户服务，而且我们之间的沟通是畅通无阻的，我们的信息、效率和生产、市场服务都是一致的。我觉得这对于中国制造的进步，包括消费需求的升级都是有好处的。

史船： 尚品宅配在大数据的积累、使用、运用上做得非常好。我想问几个问题：尚品宅配数据的来源，包括这个模式是怎么产生的？又是怎么应用这些数据的？这些数据对销售起到了什么样的作用？

李连柱：我们很珍惜这些数据，这些数据大概有几方面来源：第一个来源是我们线上的“新居网”。新居网在行业里名气很大，无论是基于微信的推广，还是互联网的推广能力都比较强。在新居网上，用户对每个网页、每个空间、每个家具款式的浏览，都有一套数据采集系统。

第二个来源，是我们基于手机端的整合营销。在不到两年的时间内，我们两个微信公众号大概共有一千万粉丝。

先不要去考虑我拿这一千万用户要做什么生意，这些用户已为我们贡献了很多。比如说像我们去年或前年，每年进入五十万到六十万户家庭里量尺寸，我们会看一下顾客家的犄角旮旯，什么地方有管道、开关，尺寸是多少，我们都做好记录，这个数据就非常珍贵。

中国的户型很丰富，怎么基于这么多具体的室内空间去研发产品？我们根据这些户型去分析共性的东西，有共性的个性产品研发出来之后，反而非常符合共性的需求，这就是产品研发。另外，我们为消费者提供服务的销售端变了，比方说一个哈尔滨的顾客要找我们来量尺寸、做家具，有时候我们在上门之前先问顾客是哪个楼盘，不用上门已经有方案了，都不用量尺寸，或者你和我说说需求，我再去精量也可以。

只要顾客把他的需求、性格、职业及想花多少钱输入系统之后，系统会把哈尔滨过去所有的数据，特别是过去 1 ~ 6 个月顾客最喜欢的，也是我们卖得最好的设计自动调出来，自动的云计算方案就已经做好了。设计师很多时候都不用做方案，他只是对一些个性化要求稍微做一些调整，基本上就应该符合顾客的要求了。

史船： 那是云计算做的，计算机系统做的，我们看到了人工智能的一部分。

李连柱： 对，系统做的，然后设计师做一些调整，马上和顾客沟通，顾客稍微再做一些调整就成功了。所以顾客感觉非常贴心：正好我所需要的恰恰是你们所提供的。

有些人可能会说他也有很多数据，但你会发现我们的数据不是死的，是活的，是有消费倾向和喜好的东西，符合人性需求，这就是大数据真正帮了我们忙的地方。

组织变革，如何激活个体

史船： 什么样的企业适合 C2B 这样的模式？它的组织和个体如何来发挥或者承载这样的模式？

有的时候老板想得很好，而一到下边就执行不了，股东反对，员工也反对。我想这一定有原因，您总结下，哪些变革符合这样的方式？

李连柱： 在互联网时代，商业模式创新非常重要，但是有了一种好的商业模式是不是就可以取得成功了？很多时候并非如此。我就和我们团队讲，一定要弄清楚一件事情：商业模式其实很容易学得到，但组织能不能适应这种新时代下的变革？也就是组织变化从管理上怎么去做？你无论是什么样的企业，在组织管理上必须注意的事情是如何激活个体。

顾客帮我们创造价值

李连柱：首先，如何激活或激发顾客的兴趣？现在，企业创造价值的方式已经改变了，大多是顾客帮你来创造。比如，我们现在卖得非常好的一款家具是“榻榻米”，这个小的空间，看起来像个榻榻米，一个桌子可以升起来，可以降下去，有电动和手动两种；这个桌子平时可以两个人坐着喝喝茶、看看书、下下棋，小孩写写作业都没问题，放下去以后，放个垫子，就可以睡觉，非常实用。就这一款家具，我们一年大概可以卖到五个亿。当然空间是可以修改的，根据顾客家的一些不同情况，大伙很喜欢这个空间。但是你知道这款家具是怎么来的吗？

绝对不是设计师设计出来的，它就是来自顾客的想法，是我们上海的一个顾客提出这个需求。他是一个家居设计爱好者，自己喜欢琢磨一些东西，他说“能不能帮我做这样一个东西，我想有这样功能”。最后我们发现非常好，就采用了他的想法。

以这件事做一个总结：C2B 这种商业模式，就是顾客你想做什么告诉我，我帮你设计、帮你生产，只要你能画出来，我就能帮你生产出来。所以用户也在帮我们创造。C2B 商业模式，抛出这样一个服务，让客户感觉到很舒服，无形当中发现原来高手在民间。我们生产的价值链直接延伸到了用户端，用户实际上是为我们创造价值的。

我公司有个团队，三十多个人，每天从全国各地传到我们公司处理中心的有一万五到两万个方案，这个团队每天就留心着用户的想法。他们发现这个方案很有意思，会停下来仔细研究，把参数再优化一下，就放入数据库。解决方案库越来越庞大，这是顾客帮我们创造的价值。

“设计岛”用游戏的力量团结设计师

李连柱： 我觉得在激发个体方面，正和岛做得最好，这是我在正和岛最大的收获。在我们公司，借鉴正和岛的模式，做了一个“设计岛”，为什么这样做？正和岛在全国各地有五千多个企业家，而我们自己直营或加盟企业的设计师有一万多名，怎么去激发这些设计师的潜能，怎么让这些设计师在我们的平台上发挥热情和价值？由于我们搞了“设计岛”这样一个给设计师玩的社区，2014 年我们入选了美国《快公司》杂志“2014 年中国最具创新公司 50 强”。

我原以为是因为我们的商业模式得以入选，拿到的评语却并非如此，获奖理由是“用游戏的力量团结设计师”。在个性的激发方面，设计岛里用了很好的方法，有些我们就是学的正和岛的。第一，正和岛上有部落，我们设计岛上也有部落，我们全国大概现在有二十多个部落，有些是吃货部落，有些是摄影部落，这是我们直接学的。

我们的设计师登岛以后，每个设计师都有自己的段位，零段、一段……最高到十段。这些段位是怎么来的呢？是基于各种各样的积分，积分到一定程度，就可以升段了。而这积分从哪儿来？来自于设计师个人订单的数量、业绩的数量、顾客的数量、顾客的评价等很多环节，这些积分你可以在我们的岛上换各种各样的礼品，比如摄像机、照相机、手机、电脑……

但是真正好玩的并不在这儿，而是很多设计师高手做的方案是很有价值的，这个方案怎么让更多设计师去用？所以我们发明了“金种子”这个概念，很多设计师就开始钻研好方案，一个好方案做出来就放到设计岛上，然后其他设计师采用一次他的方案，就给他付一定的积分。做得好的“金种子”设计师，有时候单从方案的收益，每个月就能超过一万块钱。如此一来，很多设计师就开始钻研方案质量，没事就做方案、优化、卖方案，这个策略非常公平和客观，因为它是完全来源于用户的。国外的设计师做的方案叫好不叫座，而我们的设计师做的方案卖得非常好。

我们还有一个很好玩的东西叫作“交易广场”。比如一个设计师说今天晚上要给顾客完成一个效果图，明天顾客会来看，可是今天晚上设计师正好要和新谈的女朋友约会，或者是女朋友的生日，怎么办？他就把他这个需求、顾客的平面图和顾客需求在线上提交，说我愿意出两千分，谁来帮我做这个方案？谁正好有这个时间接这个单？过程中还可以招投标，那个说一千八百分就可以了，有来抢单的。他会根据设计师的背景，看一下哪个更适合这个顾客，他权衡一下哪个最保险，才发包出去。我们系统有记录，全是自动的，只要一验收没问题，这一千八百分或两千分就划给投标成功的设计师了。非常好玩儿。

这实际上是搭建了一个设计师交流的平台。比如说我们某个城市加盟商新开了一家店，招了一批设计师，经过培训上岗了，但都是新手，遇到一些重要顾客的时候让新手做，心里没把握，老板就买点积分把需求提交到“设计岛”，北京或者上海的一个高手能把它做好，成交。甚至有些地方设计师人员缺编，或者一下招不到那么多设计师，都可以用这种模式来做。

我们对尚品宅配的定义，实际上也包含社会化服务的概念。我们专门有个培训课堂，假如今天请一个八段的设计师去给那些低段位的设计师讲课，学员可以每个人出五百积分众包这件事。另外，我们对岛上的部落是很支持和鼓励的。比如摄影部落，希望公司下个月给两天假期出去野游。公司会批准两天假期，但是有一点，你们要用积分来换，每个人拿两万积分出来。也就是说，这个月每个人的积分一定要达到两万积分，完成这个目标，就能得到两天假期。公司还会帮你安排这个旅行，同时还奖励这个部落，直接现金奖励，给出两千、三千块钱，赞助他们出去玩儿。这样激发个体是很正面的，很多年轻人的个性化需求也存在着一些共性。我们打造的这个设计岛正是向正和岛学习的结果。

看不懂的才是趋势

史船： 我们这个采访是在咱们尚品宅配的总部，我刚才注意到我们后边有一幅画，我没太看懂，想问一问，为什么会把这样一幅画作为接待访问的背景？

李连柱： 总体上讲，这幅画非常抽象，每个人站在这个画前去看，解读都不一样。我之所以让这个画家来画，其实也有一点原因，一方面我很喜欢这种抽象的画；另一方面，这个画家本身就是一个跨界的画家。我们公司网络营销做得很好，因为我们原本是一个传统的工业企业，怎么会在移动互联网的微博、微信时代做得这么出色？答案就来自这幅画。

2014 年 3 月，就在旁边的会议室，我们成立了一个移动营销委员会。我说给你们一年的时间去做网络营销，现在定个目标，这个目标不是具体数字，评判标准是一年以后，你们做的事情让我们这个软件公司出身的人能够看不懂，如果我看不懂的话，你们就成功了。经过八个月，微信粉丝增长三百万，在公司年会的时候，有这样一个表演，一个团队在展示成绩的时候，拿出一张看不懂的画，最后的解释落在“看不懂的竞争力”。

这就是尚品宅配成功的奥妙，因为很多未来的趋势，有很多人是看不懂的。我们给年轻人设定了一个看不懂的目标，反而会产生更大的发展空间，完成了一个可能比设定目标还要好的结果。

这也给很多企业家，尤其是给“60

后”“70 后”的老板们一个提示：今天你组建团队干事业，尤其是做网络营销的时候，思路一定要很清晰。第一，你组建的这个团队，必须是独立的，让他们自由发挥；第二，这个团队做的事情，如果你这个老板能看懂就有问题了，可能不符合这个时代未来的趋势和发展，你一定要敢于放权让“80 后”“ 90 后”去做，哪怕你看不懂。你越看不懂，其实他们做得越好，就越符合“80 后”“90 后”用户未来的需求趋势。他们看得懂的事情，你看不懂了，证明他们做的事成功了，方向是对的。

案例方法论

给“60 后”“70 后”的老板们一个提示：今天你组建团队干事业，尤其是做网络营销的时候，思路一定要很清晰。第一，你组建的团队，必须是独立的，让他们自由发挥；第二，团队做的事情，如果你这个老板能看懂就有问题了，可能不符合这个时代未来的趋势和发展，你一定要敢于放权让“80 后”“90 后”去做。

导师说 李连柱

我们打造的“设计岛”正是向正和岛学习得来的。我觉得在激发个体方面，正和岛做得最好，这是我在正和岛最大的收获。我们也做了一个“设计岛”，正和岛在全国各地有五千多个企业家，而我们直营或加盟企业的设计师有一万多名，怎么去激发这些设计师的潜能、热情以创造价值？我们做了很多游戏化的设置，效果不错。

如果我们能够以尚品宅配来推动家居行业建立一个标准，这个标准就是“共同语言”，谁按照“共同语言”行事，我们就在供应链体系下为客户服务，而且我们之间的交流是畅通无阻的，我们的信息、效率和生产、市场服务都是一致的。我觉得这对于中国制造业进步，包括对消费需求的升级都是有好处的。

瓜
哥
徽六茶业曾胜春
徽六没有商业模式
识别二维码
观看高清视频

嘉宾导师

曾胜春（徽六茶业董事长）

访谈主持人

刘　超（七色美粮董事长）

访谈者手记

刘　超

曾胜春的商业模式构建过程，可分成三个阶段：第一个阶段是在早期，团队成员各自为阵，整个六安瓜片的市场在哪里都不是很清晰；第二个阶段，逐渐开始树立徽六的品牌，在各种品牌的六安瓜片中独树一帜；第三个阶段是互联网大潮来了之后，徽六海陆空三管齐下，开始全国布局。用互联网营销常用的词汇去讲，就是抓住了客户的痛点，这既是我们喝茶人的痛点，也是未来徽六企业快速成长的一个立基点。

通过和曾总聊天，我们感受到了徽六的成长是极具研究价值的，希望通过正和岛蔚蓝方法案例中心，能够不断地挖掘曾总背后的故事、徽六成长的故事……

刘超： 请您为我们简单介绍一下徽六企业的情况。

曾胜春： 我把徽六简单的历程介绍一下。徽六茶业股份有限公司成立得很早，而且不断地演变。它本来是一个国有企业，到了2005年国企改制，机缘巧合，我们用资产置换的方式把这个公司拿了下来，现在属于以我为主的股份公司。

徽六一路走来，成功最关键的因素是，通过我们的努力和汗水，种了好茶、制了好茶，消费者满意，说我们好。

案例方法论

徽六一路走来，成功最关键的因素是：通过我们的努力和汗水，种了好茶、制了好茶，消费者满意，说我们好。

练就好武艺——饮茶千杯不醉

刘超： 您是从传统的汽车行业跨界经营茶叶，实际上这两个行业跨度还是挺大的，您一下子从汽车界的名人做成了茶叶界的大佬，这方面的心得跟大家介绍一下好吗？

曾胜春： 我是1993年开始创业的，就像很多人一样，第一份工作我们都没的选择，由于我当时分配的工作和我的农机经营管理专业匹配，没有筛选就进入到农机跟汽车这个产业领域。发自内心地说，这并不是我很想要的工作，但是为了生存，我必须去接受，而且一干就干了12年。

在这一过程中，我越发感觉到一定要做自己发自内心喜欢的、符合自己价值观的事，所以不断地寻觅。最终，机缘巧合地在2005年进入这个产业，到2016年已经11年了。我们一路走过来，过程中有很多的辛酸，很多的汗水，同时也伴随着很多的喜悦。

刘超：我很想知道您经营企业背后的艰辛，说一两件事给我们分享一下，感受下您的快乐和痛苦。

曾胜春： 我家祖祖辈辈都是做茶叶生意的，但是由于我从上学到工作一直搞汽车，已经中断了很长一段时间，重新进入到瓜片这个产业，很多方法对我来说都是很陌生的。唯独难忘的一件事是，当我第一年开始制茶、生产茶的时候，因为茶的色香味是需要品的，需要定级的，正常的饮茶最多一天饮个两三杯，但当时刚刚生产出来的茶，我一天要喝到50～100杯，进行品鉴。

刘超：天呐，那不是要喝醉了。

曾胜春： 是的，正常人喝这么大量的话，身体的系统和免疫功能肯定是没有办法适应的，一个星期我品饮了将近一千杯茶，随后病倒了，在医院打了两天吊针，我的身体才缓过来劲儿来。自从那一次以后，我现在喝再多的茶都没有大问题，我的身体已经适应了。所以最难忘的就是我在第一年开始生产茶的时候。

刘超：醉茶比醉酒还难受，我能体会到您当时的感受。

曾胜春： 创业初期留下了这么多艰辛又快乐的事，现在想来满满的都是快乐，我认为这是一种历练，老天必须给我这样一个训练，才能去种茶、制茶，成为真正意义上能种好茶、能制好茶的一个人。

涉足一二三产全产业链

刘超：您把一个多年的地方传统企业，改造成现在全国性的具有明显特色的互联网转型企业，其商业模式是非常重要的。您对徽六的商业模式是怎么深入地改造的？

曾胜春： 徽六一路走来，严格地说没有什么商业模式。要找到消费者在哪里，以消费者买得方便、喝得放心为起点来设计我们的商业模式，我认为这是最关键的。

更多的茶企，要么就在自己的茶园，要么就在茶叶大市场去经营，既没有品牌又没有销售的通路，跟消费者接触的面不是很广。

在创业的前七年，更多的是走线下专卖店的销售模式，这样更有利于消费者放心地购买，因为我的专卖店就是我的品牌，一切都围绕着徽六实体专卖店进行布局，这是我们创业前七年做的事。

到了 2012 年的时候，由于互联网技术不断地成型，电子商务平台渐趋成熟，我们跟上了这个大势。营销模式还是通过线下实体店，以区域市场为我们的主战场，线上是作为我们全国市场的一个通路。

我们公司是全产业链都有涉足的。其实我们知道，从商业逻辑上讲，这是不合理的，很多老师说这样做是行不通的，但是对于茶产业，也许先人给我们留下的财富太丰富、太饱满了，现在的后人把这个产业链每一端都做得很精，但是每一端都没有办法和大市场进行契合，在这样一种背景下，一二三产业链我们都在涉足。

“瓜哥”的电商“三级跳”

刘超：大家都喊你曾总喊了那么多年，2014 年我们在《天天向上》的栏目上，一票儿国内一流的名人都喊您“瓜哥”，是对你行业地位的尊称，同时也是您互联网转型导致的名字和身份的转换。传统企业互联网转型时期，您从曾总到瓜哥这个过程中，有没有很希望跟大家分享的一些煎熬或者痛苦？

曾胜春：互联网和电子商务时代的到来，我们是在 2000 年以后隐隐约约感觉到的，当时我的思路并不是很清晰。我们公司在做电子商务转型过程中，我认为一个公司的老大必须先转型。我们的转型经过以下几次纠结：

第一次，2006年，淘宝刚起步，我就想去做电子商务，但是又对电子商务不了解，我问一个刚刚毕业的大学生，说我能不能去做电子商务，他告诉我不可以，认为当时的电子商务就是一个很乱的新兴行业，不可以做，所以第一次他把我洗脑了。

第二次，到了2009年，天猫开始进入市场，我就问那个小伙子这个能做吗？可以在这上面发力吗？当时他告诉我说还是不行。

第三次，又到了2011年，随着智能手机的普及，我就到外面自己去学习，接触到了社交文化，接触到了电子商务，我突然醒悟了，电子商务我们一定要做，不是做不做的问题，是必须做。

只有决心不行，必须有人才，还要有方法。我们就跟别人合作，合作伙伴是淘宝店的一个卖家，卖得很好。我们在合作的过程中，迅速地掌握了电子商务的运作模式，对页面怎么去设计，文案怎么宣传，数据怎么分析及电子商务的发展趋势有了充分了解，半年时间我们就基本上知道流程怎么走了，正好也契合了当时的大环境。

转型就是用石头去砸自己的皮

曾胜春：一个企业的转型就是突破，“破”是用石头去砸自己的皮，肯定会痛，但是砸痛了以后你才会突破。

案例方法论

一个企业的转型就是突破，“破”是用石头去砸自己的皮，肯定会痛，但是砸痛了以后你才会突破。

曾胜春：其中最关键的因素应该有两点：第一，企业老大要有这种思想和格局，要有破釜沉舟的决心；第二，团队的基本素质和学习能力是很重要的，整个团队会因此迅速跟进，相互学习、相互分享，自然而然就迅速地形成一种新的商业文化和商业格局。

刘超：您在企业内部文化的打造上，能不能给出一些具体的打造方案供大家学习？

曾胜春：文化是一个不断积淀和不断提升的过程，首先我认为创业者对未来的思考是很重要的，创业者的价值观和使命感，在一定的时候就会传递到企业里，成为企业的基因。

我从事这个产业，冥冥之中上天告诉我要去种茶，去沏一杯好茶，让瓜片传承下去，这是我个人的使命，不断地演变，现在成了我们徽六的使命。

瓜片作为六安茶有几千年的历史了，从古到今，六安这片的茶都是极品，从陆羽《茶经》开始记载着寿州产极品好茶。作为六安人，作为我们六安的一个企业，有责任、有义务把瓜片传承下去，在这个目标鼓励下，形成了我们徽六体系的企业文化。

刘超：你们既学传统文化，又学现代文化，两种文化在徽六沉淀得非常好，您做了哪些创新？

曾胜春：也许我们从外行去看一个行业，看到的是缺点，正因为我从别的行业进入茶产业，我看到了这个产业里的很多不足。

我们现在的产业创新，都是基于消费者在不断地进行的，我会把自己作为一个消费者去思考，怎么能喝到放心的茶？怎么能每天喝到标准的茶？这是消费者最关心的事，包括我们的商业模式设计都是基于这个点展开的。

案例方法论

我们现在的产业创新，都是基于消费者在不断地进行的，我会把自己作为一个消费者去思考，怎么能喝到放心的茶？怎么能每天喝到标准的茶？这是消费者最关心的事，包括我们的商业模式设计都是基于这个点展开的。

曾胜春：我们是怎么具体去创新的呢？据我所知，多数的茶企都是去收购茶农种植的茶叶，这样不是不可以，但是让我有点担忧，怎么去保证质量呢？我怎么跟消费者讲？在这样一种背景下，我们就做了一个创新，自己把茶园租过来，自己维护它，自己种茶能确保质量和安全。

在机械制造上，按照传统的手工方法，我们没有办法保证产品的标准化问题，也没有办法来保证经营的规模化问题。所以在这个基础上，我们不断地投入设计研发，不断地投入科技力量，在安徽农业大学的支持下，通过研究人员的努力，制造出了标准化的产品。

刘超：传统企业实际进入3.0时代了，接下来您想布更远大的局，需要更多的年轻人来加入。我见到了你们团队的小伙伴，每一位都是精神抖擞、神采焕发。您给他们做了哪些功课，让他们转型做得这么快？让他们能够跟得上您的思想和企业的步伐？

曾胜春：关于团队的建设，我认为：第一，作为公司的老大，认知和胸怀是很重要的；第二是价值观，我们尽量地选择和我们价值观相同的年轻人跟我们一起成长；第三，我们要给年轻人更多的平台，让他们更多地去发挥自己的能力；第四，体现每个人的价值，付出了就会得到回报。

就这样，在公司中，随着我们的

价值体系、文化体系、组织架构体系不断地形成，就能把团队凝聚起来。单打独斗是没有办法去开创一片天的，只有一个团队才能做到。

刘超： 整个团队不分日夜地一起奋斗，您在股权上或者是经营方式上，有没有什么案例跟我们分享一下？

曾胜春： 激励是有多种的，既有物质方面的激励，也有精神方面的激励，股权激励我认为只是其中的一种。

每个企业的发展阶段是不一样的，在不同的阶段需要采取不同的激励方式。比如我在做农业汽车的时候，还是 90 年代，1996 年前后我们就进行了股份制改造，送股给当时关键的业务骨干。所以现在的徽六肯定要走股改这条路，只是时间段很重要，就像现在大家都在讲上市，但是你必须根据自己行业的特点、企业特点进行综合判断是否需要上市，怎么去上市。不能从资本的角度去理解企业、经营企业的人，也不能以企业的角度去理解资本。

企业发展到一定阶段的时候，必须跟金融资本结合，但要有个过程，首先事业做扎实了，再去扩大规模，这时候你就要跟资本去结合了。根据企业不同的阶段，采取不同的方法。

案例方法论

现在的徽六肯定要走股改这条路，只是时间段很重要，就像现在大家都在讲上市，但是你必须根据自己行业的特点、企业特点进行综合判断是否需要上市，怎么去上市。不能从资本的角度去理解企业、经营企业的人，也不能以企业的角度去理解资本。

刘超：徽六的品牌如何能在这么多的茶叶品牌当中凸显，甚至现在已经改变了很多年轻消费者不喝茶的习惯？谈谈您的品牌打造之道。

曾胜春：关于做品牌，我个人的理解是，品牌不是宣传来的，而是真正把产品做好，产品做好了自然就会有消费者。以消费为导向做好产品，消费者愿意去买徽六的产品，买了以后还会回来再买，这才是最重要的。在长期积淀的过程中，产品做好了，自然就有积淀，慢慢地就把品牌做出来了。

我突然想到一个案例：郑州的一座大桥，是一个德国人一百年前设计的，但是就在2016年上半年，德国的这家公司发了一封信给郑州市政府，说这座桥的使用时间是一百年，如果还想继续使用，必须要在这个基础上重新改造。

通过这件事情可以看出，德国人对产品，对消费者的责任是不言而喻的，不用任何宣传。这件事情就会让很多人感动，经过了两次世界大战，这家公司还把资料完整地保存着。我认为这就是工匠精神，我们做产品、做品牌就应该以此为榜样。把产品做好，消费者说你的好，通过慢慢地传播，慢慢地广而告之，品牌就打出来了。

刘超：六安瓜片在徽六的影响下，也在重新焕发青春，您对您企业未来的战略是怎么规划的？

曾胜春：我们徽六做不了五百强，但我们能做五百年，这就是我们的目标。徽六已经走完了十年，正在走向下一个十年。我们争取实现“百年徽六、千年瓜片”的目标，朝着这个方向去努力，这是我们奋斗的目标。

刘超：我们岛亲大多都是传统企业转型，怎样转型，给大家做一些提醒。

曾胜春：对于现在的“80后”或者“90后”员工，我们不以年龄、学历、资历排座次，我们以结果为导向，设置了绩效考评办法。他基本的素质、素养和价值观，能够跟我们一致了，公司就要给出平台让他去发挥，给他成长的空间。我们基于人性的考虑，设计了人才的启用模式。

这两年，组织几百人的活动，我们都是启用很年轻的员工。比如“90后”的一个小女孩小夏，首先她的价值观跟我们是一致的，其次她有组织能力和基本素质。或许她在过程中会出错，但我们要给她试错的空间，只要在大的方面不跑偏，就应该给她这样一个锻炼的机会。她自己得到锻炼了，能力得到提升了，对公司来说，需要的人才也培养出来了。

导师说 —— 曾胜春

我登岛三年了，对正和岛的理解有三点。

第一点，基于正和岛的价值，它是一个学习的平台。大家在这里相互学习、相互分享、相互帮助，在这个岛上，我们每一个人都得到了提升，岛亲在各自的行业做得都很优秀。

第二点，我认为正和岛是一个充满着浓浓亲情的大家庭，我们在这里获得了友情和亲情，感受到像家人般的温暖。我们每一个人见面都相互拥抱，这传递着我们有家有亲人的感觉。

第三点，我认为正和岛是一个爱的组织，它在影响着我们每个岛亲的企业及岛亲身边的每一个人。每位岛亲在正和岛上面，都会有意外的收获和不同的感受。

希望正和岛能够伴随我们，我们也愿意和正和岛一起走向百年。在每一个点上面做得更加扎实，这是我对正和岛的希望和期盼。

感谢能够跟刘总在一起，相互学习、相互启发，感谢正和岛蔚蓝方法案例中心，做了一件很有价值的事，能把岛上的企业案例进行梳理，同时又能去督促企业不断地进步。让我们企业的基因不断地变化，包括在管理、文化等各方面做得更好，能够让更多的消费者接受我们、喜欢我们。

e袋洗陆文勇

三场战役，从传统洗衣业到共享新经济

嘉宾导师 **陆文勇**（e袋洗总裁）

访谈主持人 **战青峰**（黄金树总裁）

访谈者手记

战青峰

因为我的企业也是传统企业，做传统的珠宝黄金零售，现在也正在转型过程中，我们做了一个App，想把我们的投资金条放到App上销售，其间碰到了好多问题，也有好多困惑。所以，特别想从e袋洗的经验中学到一些东西。

战青峰：陆总，非常高兴今天有机会跟您请教一些传统企业互联网转型过程中的经验。

陆文勇：我也非常高兴正和岛能给我们这样一个交流的机会。

战青峰：我的企业也是传统企业，正在转型过程中。现在，我有一点挺困惑，你们的 App 和微信公众号，跟普通洗衣店的电话预约有什么根本的区别？

陆文勇：其实“e 袋洗”是基于移动互联网开发的一个网上洗衣神器，特点非常简单：第一，客户不需要出门，在手机上预约，直接上门取送，非常方便，而且不收取送费；第二，价格大概是洗衣店的一半，非常便宜；第三，我们找最优秀的洗衣店和洗衣加工商去加工，洗衣的品质更有保障；第四，我们整个产业链的专业化做得很好，包括系统监控、质量评估和售后服务质量（包括投诉处理、质量上的解决等），这些方面我们做得比传统的洗衣店都要好。

传统企业转型要不要做 App

战青峰：您说的这些，如果有一个服务电话加上快递也可以完成这些工作，不是吗？

陆文勇：其实电话是解决不了很多资源合理分配问题的，因为通过手机只需要点一下的事情，就没必要打电话，打电话需要电话费，还需要人工的客服接听。这些都是成本，且企业的所有成本，最终还是要回到用户身上，而我们整个系统更加方便，更加省钱。

第二，为什么刚才我说资源不能合理分配呢？当你使用手机预约的时候，它是一个预约行为，我们是提前知道用户的整个需求的，就会很合理地去布局：什么样的运力去取，什么样的加工力去加工等。如果说都是一个一个临时打电话，付出的就是一个高端服务需求的高昂成本，但我们希望满足洗衣需求真正能够做到平民化，让每个家庭都用得起洗衣服务。

好多传统的公司做互联网转型的时候，面临一个最头疼的问题就是App如何推广。其实传统企业转型第一个问题不是App如何推广，而是要不要做App。如果你是一个2B（2B指To Business，意思是对企业的公司）的企业，做一个App对用户没有用的话，根本没必要做。第二，是一个高频的用户产品还是一个低频的产品？低频的产品可以直接做一个微信公众账号或者做一个百度直达号就行了。如果是一个高频的产品，才需要做App。第三，做App的目标是什么？想做平台还是想做服务？做服务的话不需要做App，可以集成到很多App上面提供服务，如果想成为平台，要有互联网团队，要有懂传统服务的团队，还需要有资本团队。

所以我觉得首先选择是最重要的，随后才是怎么去推。其实市场上有专业人士会去解决这个问题，包括线上和线下的一些渠道。比如说，你做一个线下连锁店，要不要做一个App？这就不一定了，如果说互联网不能联成一体，不能形成一个O2O的闭环，可能做了就没用，还不如把线下的服务做好。如果说只有一家店，就更没有必要做App了。

核心竞争力——产品、情感、价值观

战青峰：如果是生活服务类的2C（2C指To Consumer，意思是对消费者的公司）企业做互联网转型，做了App想推广，你有什么特别好的推广渠道或者建议？

陆文勇：过去传统的推广方式是不断地跟你宣导，不断地给你推送消息说我们家东西特别好，你一定要用。

未来，真正的产品才是广告。产品本身会说话，同时要跟用户产生感情，他才有可能跟你长久地保持关系，包括给你提建议，帮你宣传。真正的口碑宣传是最有效的，所以我不赞成天天琢磨怎么去推广，而是要做好产品，给用户提供价值，给用户省钱让用户放心。第二，要跟用户产生感情，给用户解决问题，其实是为了满足用户的某个情感，而不是为了满足他某个纯粹的利益。

战青峰：现在 e 袋洗有没有什么特别有竞争力的产品？怎么能保持 e 袋洗的核心竞争力？

陆文勇：首先，目前全国每个城市基本上都有很多企业在模仿我们的商业模式，但是比较大的竞品是没有的，因为我们现在已经占据了洗衣互联网市场 90% 的份额，所以基本上没有什么竞品。而且我觉得未来三年，我们会占据整个洗衣行业（包括线下）60% 以上的份额。

第二，如何保证长久的竞争力？我们当初的出发点就是想改变中国人的家庭生活，所以我们在极力地降低成本，极力地提供体验，给用户一个又便宜又优质的服务。

第三，我们在树立一种价值观，希望在整个服务过程当中，能够使得每一个人更加自由、平等，所以我们在内部的价值观上也强调要崇尚体验、有梦想、扁平化的管理、充分的授权等等，这种价值观就使得我们跟很多的 O2O 公司是不一样的。

我们内部的管理架构是自下而上的，比如说我们公司 5 万块钱以下的费用，是不需要我批准的，所以我的 OA 里面才没有很多的工单。我们在企业管理中，经常对员工说：你就是主人，你就是总经理，你就是老大，有些事儿你自己去拍板，而且为自己拍的板负责，企业做的事情就是不断地支持你。

这样就使得每一个人都有自主性地去做好事情，这是我们长久的竞争力。这种竞争力是居于文化层面、价值观层面、商业模式层面的，是不那么容易学会和模仿的。

我们的团队很强大，当初搭建团队的原则有两个：一是吸引价值观相同的人，二是找比 e 袋洗目前需要的人才能力更强的人，完全按照一个平台化的公司去搭建团队。现在我们的产品负责人是在腾讯工作十多年的高管，各大部门的负责人基本上都是副总裁级别的。

我们去研发这个产品的时候也思考了很多：我们到底要不要这么做？这么做到底有没有价值？后来我们发现，其实用户的洗衣需求非常简单，那就是——洗干净、早点给我。那么，实体店就变得没那么重要了，只要能把干净的衣服快速地返回到用户手中，就是我们要做的事情。

线下门店存在的原因，纯粹是因为场景需求和社交需求，如果没有这两点的话，没有必要经营线下门店。而洗衣店又是一个前店后厂的事情，没有必要把加工业放到城市的每一个角落，所以加工应该放到后端去安心地做生产，降低成本、提高效率，规模效应就显现出来了。

老板要有决心改革

战青峰：好多传统企业转型过程中，第一轮投融资就很困难，或者不知道怎么着手，虽然说大家都知道要描绘模式、描绘未来，但是在没有业绩、没有用户的情况下，怎么能打动投资人？

陆文勇：我觉得未来有一种无形的组织，如果各方价值观一样，哪怕在不同的公司，都能成为一家人。所以价值观一样的时候，投资人就觉得双方的合作之路以后能够走得长久。双方的价值观一致，很多合作细节就都能达成一致，互信就产生了。

所有的问题的核心，归根结底是老板有没有决心改革，有没有决心要换一个新的活法，有没有决心说这个事业要有一个新的发展。很多企业发展到一定的程度，企业家的财富等方面都已经达到峰值，你让他再转型的时候，相当于把以前的东西都舍弃掉重新创业，是很难的。以前的积累越多，接受新的事物就会越慢，因为身上背负了太多黄金的铠甲，这种情况下有几种选择：第一是扔掉，直接跑步；第二是你穿上它跑；第三是你把它卖掉。

要转型把自己以前的利润都干掉，那是很痛苦的，还不如把企业本身的服务做好。或者是真的卖掉，获得很多资产，然后拿着资金再去投资年轻人创业，那可能也是一条很好的路，没有必要自己亲自上阵去创业。

真的像苏宁那样破釜沉舟，几百亿都不要了，直接创业，我真的很佩服。除非你有很强的愿景，想发起更大的挑战，最难的就是定位清楚，我到底是哪一类人，定位不清楚就会陷入纠结。但是大部分企业都是浅尝辄止，搞一个电商组、电商创新部，折腾了一下，然后各个公司元老说，一帮小屁孩儿折腾什么呀，还不如关掉呢，直接就把公司新的团队干掉了。其实做得越大的企业越难转型。

战青峰：陆总的意思是要转型必须破釜沉舟吗？

陆文勇：你要么破釜沉舟，要么就把线下做好，然后去做好各个价值链上该做的事情。有人擅长做线上，有人擅长做线下，各自把各自的事情做好就行了，如果招人的话，也应该是一步到位，如果一开始就吸引到一个本身能做成事的人，这个事做多久都会成。

战青峰：现在e袋洗也积累了一些数据，有好多客户信息。互联网公司都说以后运营的主要是大数据，e袋洗以后又如何利用大数据？

陆文勇：我们现在做家庭服务，第一个产品是e袋洗，跟家庭用户建立起了关系，至少能为家庭解决洗衣问题；之后，我们希望通过用户背后的一些行为数据，包括衣服的品牌、尺寸等产生一些大数据，供我们分析，然后给用户提供更好的建议和服务。在创业公司当中，我们的数据组做的还是比较早的，现在已经搭建起自己的一个专业数据分析组，成员都是去各个国家留学归国的人士，现在至少有五个国家的数据专家回国来做此项数据研究，包括美国的一个科学家，现在已经到了我们的企业，正在做社区的数据行为分析。我相信能够给用户提供更好的保障、更好的服务。

战青峰：现在生活服务类 O2O 的发展大概处于什么阶段？

陆文勇：我觉得生活类服务 O2O，现在才刚刚开始。2014 年处于一个野蛮生长的阶段，创业环境很好，创业者、投资者、国家都在大力倡导创业。在这种环境之下，各种想法、各种奇思妙想百家争鸣，有很多很多创业项目还是比较粗放的，各个点子，靠谱的、不靠谱的都会出现。大家都在说寒冬，其实背后代表的词并不是冷，而是理性，更加理性地去看更多靠谱的东西。我觉得生活服务，特别是家庭服务和社区服务才刚刚开始展现出靠谱的趋势。

小 e 管家，志在成为中国最大的邻里共享服务平台

战青峰：e 袋洗以后的未来是做平台，还是专注做服务？

陆文勇：我们当初创业的时候，是想做一个家庭服务平台和社区服务平台，但是我们不是一味地做平台，比如说我有流量，我有用户，我就对接很多产品，这些产品能满足用户的需求，所以我就成平台了。我觉得在电商时代可以这么玩，我有流量就可以往里面灌输；在服务时代，这个逻辑已经不成立了，用户更相信的是解决问题的最终服务者。我们现在给自己的一个定位，是不做纯服务平台，而是做一个服务品牌，让大家感受到平台上面的服务都靠谱可信。而且平台一定是其中的参与者，甚至是平台自己来做，才能确保平台上的服务品质越来越好。

案例方法论

母品牌“小 e 管家”要打造邻里互助共享服务综合平台，向中国社区家庭，提供包括小 e 管洗、小 e 管饭、小 e 管遛（宠物）、小 e 管修、小 e 管玩、小 e 管送等日常生活服务。

陆文勇：我们现在的洗衣业务在全国占据的份额已经排到第一名，在综合体验上已经超越了线下所有的门店，投诉率只是行业的 1/5，已经做到很低了。现在也开始了新的品牌——小 e 管家。e 袋洗会入驻，还有小 e 管饭，是为邻里之间吃饭服务的，当你饿了，不需要自己做饭，邻居家多做一份给你就行了。在北京的上百个小区，我们都上线了，用户还是非常喜欢的。想象一下，回家之后，年轻的小夫妻要花半个小时去买菜，半个小时做饭，然后十分钟吃完了，再花十分钟洗碗，这是很痛苦的。但是现在只需要你预约一下，只花十分钟吃完就行了，大部分的时间都可以节省下来，可以用于生活的娱乐或者是工作。

小 e 管家就是一个全新的邻里互助的共享服务。e 袋洗为什么会做这件事情？因为我们取送的人员都是邻居，都不是全职物流，都是这个小区的居民或者生活在这个小区旁边的人，是一个社区互助的服务模式。从共享一个人取送衣服的取送服务，到第二阶段我们开始共享一个人的厨艺和他家里的厨房，到第三个阶段，我们开始共享一个人更多的技能。比如说有人养狗养得很好，可以成为这个小区养狗的专家，可以替很多人出主意，如果你要出差几天，狗可以寄养在他们家，他收一点点费用，给它喂食，帮你去遛狗，等等。

未来中国的老龄化，在十年之内是一个非常痛苦的社会大难题。十年之后，中国的老年人口将达到四亿，未来社区养老就是一个非常好的办法，因为老年人家里本来有房子，老年人可以在社区里交流，正常地生活。一个老年人能动能走的前十年，其实应该生活在社区，而不是养老院。我们可以利用社区，利用周围闲置的医疗资源和有医护资质的人员去提供共享的服务，去完成一个老人最后的十年和二十年的服务周期，使得中国大部分的老年人都能过上很好的晚年生活，这是我们目前正在做的。

案例方法论

一个老年人能动能走的前十年，其实应该生活在社区，而不是养老院。我们可以利用社区，利用周围闲置的医疗资源和有医护资质的人员去提供共享的服务，去完成一个老人最后的十年和二十年的服务周期，使得中国大部分的老年人都能过上很好的晚年生活，这是我们目前正在做的。

陆文勇：未来，在中国的共享经济当中，出行你可能会靠滴滴，当你不出行、在社区的时候，我们会帮用户解决大部分的服务问题，不出行可能会靠小 e 管家。我们的梦想是成为中国最大的邻里共享服务平台。

导师说 —— 陆文勇

我非常喜欢的一句话是“此生不精彩，何时再重来”。2010 年、2011 年做团购的时候，我的职位已经很高了，当时管理的团队有两百人，全国有一百多个分公司。我当时跳槽出来之后，很容易到一家公司做总监或者自己创业开一家公司。但是我想明白人生的意义之后，就没那么浮躁了，静下心来慢慢地学习、慢慢地做事。我生命的最终意义就是，我这辈子要过这三个阶段：让自己精彩、让家人朋友精彩、让这个世界变得更加精彩。

这么定位之后，想明白最终的生命意义时，就无所畏惧了，更不会纠结工资、职位等问题，这些都不重要了，重要的是看你最终能不能发出光芒，为这个世界做出贡献。这样就会很有成就感，就有活着的意义。我终于找到人生目标了，心里终于不彷徨了，心里就充满了幸福感，一下子觉得生命有无限的可能性，可以做很多事情，而这些事情能改变生活。

我觉得不能浑浑噩噩地一直活着，一直在挣更多的钱，一直升更高的职位，要想想生命的最终意义是什么。最大的经营是人生，而不是公司。想清楚人生怎么经营的时候，就知道什么阶段干什么事，怎么去努力，尽己所能做出更多的事情。

Part 3

新商业方法

“术”——重点在于方法与技巧的复用价值，但归根到底，预示着一种商业本质的“回归”。

用友王文京

从“用友软件”到“用友网络”我们干了这些事儿

识别二维码
观看高清视频

嘉宾导师
王文京（用友网络董事长）

访谈主持人
艾路明（当代科技董事长）

访谈者手记

艾路明

我和王文京董事长都是1998年出来创业的，算是企业界的同年，现在用友软件正式更名为用友网络，全面开启互联网+转型。作为中国最大的独立软件供应商，用友已成为IT行业的一个小巨头，是何原因让它决定转型？转型过程中又遇到了一些什么样的问题？它是如何解决的？这次见面给了我一个很好的答案。

案例方法论

阿米巴经营的本质是为了激发基层员工、组织的积极性和创新能力，符合当今企业组织变革的趋势。

企业不同业务单元之间的有些冲突是积极的、有必要的，甚至有竞争不是坏事。

不管你是主动的还是被动的，互联网化已经不再是网络公司、电子商务公司的专利，它会成为所有企业共同的趋势和模式。

一个企业如果很好地结合了当代科技，实现互联网化，结合金融来发展，它在同行业中一定能够走到前面，更具竞争优势。

移动终端是第一终端，因为它更便利、更深入，直接面对每个人。

激励，特别是对骨干员工的激励，是所有企业，特别是民营企业推进企业发展建设的重大且必要的手段。

企业转型是大势所趋

艾路明：《蔚蓝方法》是正和岛案例中心新推出的一个创新节目，让我们企业家之间互相交流、采访。今天能够采访王文京董事长，我感到很荣幸。今天用友在您的领导下，也是在向互联网领域发展，公司名字“用友软件”也改成了“用友网络”，这个背后有什么样的深入考量呢？

王文京：最近这些年互联网快速发展，它的运作、管理、经营，已经在全球范围影响整个软件产业的发展，软件的产品形态正在向企业互联网服务转变的发展阶段。用友转型发展的战略确定为“服务企业互联网化”，我们的核心业务也从原来单一的企业软件向软件、云服务及企业金融这三个核心业务扩展。公司的名字如果还只是叫“软件”的话，已经不能够覆盖我们的整个业务，所以我们2015年年初把公司的名称由原来的“用友软件”改成“用友网络”。改名表明用友公司业务领域也从之前的企业管理扩展到业务运营和企业金融，服务层级从企业级走向社会级，也反映了时代潮流。

组织变革：子公司制 + 业务部

艾路明： 转型给用友组织结构带来哪些变化呢？又有什么方法来指导这种变化呢？

王文京： 组织结构的变化主要有两个层次：第一是我们发展新业务的子公司，第二是在每一个子公司中的业务单元。除了原来的软件业务有若干子公司之外，云服务和企业金融业务，也通过新设立或者是收购一些专业服务子公司去发展，像企业金融服务中的企业支付和P2P业务，就有两个不同的子公司。

在子公司内部，我们几年前也开始推进类似阿米巴经营的组织方式，以一个或若干个或一类客户为主体，建构专门的经营和服务团队，同时内部建立相应的独立核算机制，来推进以客户为中心的服务方式。比如说软件业务，设置了针对大客户经营的客户经营业务部（ABU）。所以我们的组织变革，一是用子公司制取代事业部制，二是在子公司内部，按照客户的经营服务对象组建若干个内部客户业务部。

阿米巴激发创新，摩擦更有生命力

艾路明：阿米巴管理模式对于互联网化企业很有价值，同时这种模式也容易让团队之间产生摩擦成本，造成混乱。凯文·凯利在《失控》中认为恰恰是这种混乱让企业更有生命力，企业内部完全寂静并不是好的现象。请王董给我们这些传统企业分享下您的经验。

王文京：阿米巴经营的本质是为了激发基层员工、组织的积极性和创新能力，符合当今企业组织变革的趋势，尤其是在互联网信息化背景下，企业内部组织也在发生很大的变化，由从上到下的层级制、金字塔模式走向更加强调基层员工和团队创造力的新的扁平组织。这种组织很符合现在员工的心理期盼，越来越多年轻的企业员工都有很好的专业学识背景，他们希望能够最大程度地发挥个人和小团队的创造力，成功的互联网公司内部组织也是这种形态。而它的好处就是能够充分激发基层团队和员工的积极性，更加贴近客户。

它也会带来特有的问题，同时这些问题可以用一些办法改进。比如说它不像智能化组织有很多东西可以共享，因此有些资源要做重复性配置，组织之间也会有交叉和冲突。资源配置方面，比如说涉及财务核算、人力服务等职能性工作，可以借助互联网建共享服务中心，为所有的阿米巴组织来服务，既降低成本也提高服务质量。

我认为企业不同业务单元之间的有些冲突是积极的、有必要的，甚至有竞争并不是坏事。当然当内部竞争到一定程度，看出优劣的时候，还是要发挥公司组织的一些协调、调配功能，把东西界定得更好。任何的组织形态都有它的利弊，更重要的是它带给企业的积极性和创新的价值要远大于负面的影响。

互联网化对企业的四个改变

艾路明：作为传统企业，在互联网化进入组织模式变革的阶段，是选择更加平稳还是更有创新的模式，是我们要考量的。传统企业或中小企业，该怎么面对互联网化和金融化？

王文京：我们看到当前经济有一个重要特征，就是科技和金融对各个行业、各种规模和不同发展阶段的企业都有重要的驱动作用。所以大家就把科技和金融作为当代企业发展的两个轮子或者两个翅膀。当代科技最具代表性的产物就是互联网，所有企业都会成为互联网企业、金融企业，不管你是主动的还是被动的，互联网化已经不再是网络公司、电子商务公司的专利，它会成为所有企业的一个共同趋势和模式。

互联网化对企业的改变是多方面的，当然，最重要的是商业创新的四个方面：一是由以产品、厂商为中心转为以客户为中心，由客户主导和引领；二是企业内部组织由从上到下的层级组织转为从下到上更加扁平的创新组织；三是数据驱动，即由以流程驱动为主转为以数据驱动企业经营发展；四是企业运营由延时运营变成实时运营，成为实时企业。企业金融化就是企业金融或公司理财（corporation finance），在金融业越来越发达的时代，所有企业都离不开金融服务，在生产经营活动的过程中，从创立到发展甚至到消亡，从融资、投资理财到收益分配都需要金融资源参与。

一部分企业在金融化方面已经很领先了，还有很多企业没有真正意识到这个问题，但这是当今企业发展的必然趋势，也就是说企业在做好主营业务的过程中，一定要同时开展企业金融或者叫公司理财业务。很多年前热门的“资本运作”企业在这方面是走在前面的，今天我们要从资本运作上升到企业金融层面，一个企业如果很好地结合了当代科技，实现互联网化，结合金融来发展，那它在同行业里一定是能够走到更前面，并更具竞争优势，因为这是时代潮流和趋势。

为什么会和阿里建立战略合作

艾路明：和阿里签署的战略合作协议给用友带来了什么？合作背后的考量是什么？是不是意味着未来用友会通过这种方式在企业并购方面加大力度？

王文京：我们和阿里建立的战略合作，是基于企业客户的需要，自然而然地走到一起的。今天所有的企业都在电子商务平台，特别是像阿里这样有代表性的主流平台上开展电子商务，做产品和服务交易。用友从创立以来，一直为企业客户的管理运营提供软件和服务，把企业在电商平台上的交易数据和企业内部的运营数据打通、对接，让企业的交易和内部的生产运营能够更紧密地、更一体化地运作，这是很多企业客户的共同需求。

所以我们这个战略合作的一个重要内容，就是把阿里电子商务的交易服务和用友的企业管理服务打通、对接，让企业能够在互联网电子商务时代，更高效率地一体化运作。合作的另外一项内容就是阿里云，今天用友除了提供软件，也会越来越多地给客户提供云服务，特别是针对小微企业基于公有云的云服务。云服务里用友的定位是做平台服务（PaaS）和上面的应用服务（SaaS），最下面的基础设施服务（IaaS）不是我们的发展方向。阿里云这些年发展得速度非常快，它的 IaaS 服务已经成为中国云计算服务的一个主流提供商。

第三项合作内容是用友把针对企业客户，特别是中小企业客户的云服务，建立在阿里云的 IaaS 上，共同来推进企业的互联网化。所以在互联网时代，这个合作让我们双方发挥各自优势，利用互联网平台，更好地服务企业客户、创造价值，也共同推进企业互联网化进程。未来在针对企业互联网化的服务方面，用友会继续加大发展力度，自己发展一些服务，结合一些并购及战略合作，以三个路径并举的方式来发展云服务和企业金融。

导师说 ___ 王文京

企业互联网化的本质，实际是带来企业的商业创新，而企业商业创新主要体现四个方面：第一，真正促进企业从原来的产品导向转向客户导向，以客户为中心；第二，促进企业内部组织更加扁平、更加能够激发基层员工和团队的创新积极性，而不是原来从上到下科层制的金字塔模型；第三，企业运行模式上，从流程驱动转为数据驱动；第四，从原来企业延时运行变成实时运行，即所谓的实时企业。

无论是当初创业还是现在的转型，我认为最重要的一点，就是要从客户价值出发，并以此为本，从这里出发还得回到这里。无论你是什么样的创新，如果不能给客户带来价值的话，我认为这样的创新哪怕形象很潮流、很新颖，最后也很难存活下去。所以坚持以创造客户价值为本，是业务创新的出发点。

优客工场毛大庆

创业11个月完成3轮融资，优客工场40亿估值使了什么招儿？

识别二维码
观看高清视频

嘉宾导师

毛大庆（优客工场创始人）

访谈主持人

秦　君（君紫资本创始人）

访谈者手记

秦　君

创业 11 个月完成 3 轮融资，优客工场 40 亿估值使了什么招儿？此番与优客工场创业大咖毛大庆的碰撞中，他将自己一路走来的创业经验倾囊相授。他认为：要更加科学地看待问题；互联网消除了大量的不平等；世界越来越开放、透明，再去心存侥幸、去投机等同于自杀；当人性都拿到桌面上来说的时候，商业是藏不住的；要重构未来，教育一批小不点的企业家们去重新认识商业文明，更需要相对理性、科学地看待问题。

创业过程身心俱疲，保持激情很重要

秦君： 创业不到一年，你自己最大的心得是什么？

毛大庆： 创业挺不容易的，说实话真的很累，和在大机构里工作完全不是一回事。最核心的问题是，它是你自己的一个摊子，天塌了你得顶着，它可能比你原来在大机构那个公司小很多，但这个摊子里有N种细胞，你得把它们激活、喂饱。

另外，还得让这个事业可持续地发展，所以要一人分饰N个角色，时间是没有界限的，比方说原来我几点到几点是上班，现在没有。员工有私人时间，创业者是没有私人时间的。所以要看你从哪个角度看这个问题，说个文学词叫绽放，这种人生燃烧、绽放的感觉是你原来不论做什么高管都不容易感受到的。

秦君： 我这次到深圳见了我二十年前的朋友，很多年不见，他见面就问了我一个问题：你为什么总是这样子一成不变？我跟他说别看创业是一个让别人觉得很苦的事，但事实上它是让人生自我燃烧的过程，我觉得这是一个非常良性的生活状态。

毛大庆： 还有一点体会是，创业让你完全接触了一个原来根本不会去接触的环境，像我们原来做房地产，它很封闭，你看见的都是固定模式的，出来创业才发现世界远远不止是那个样子，是一个完全没有探索过的、未知的世界。这个东西里面太多的变量、太多新的东西，就像你看孙悟空在人间折腾半天，“啪”一个跟头翻到上面，发现还有这么大一个天庭，这是我最大的收获。

案例方法论

创业需要激活每一个细节，“老妈子”与“总指挥”角色转换要跟上。

必须时刻保持激情。让自己发光发热，成为能量的中心，才能辐射周围的人。

摆脱定式。房地产是个很窄的产业领域，它很封闭，虽然货值很大、资本含量大，产业大得好像已经覆盖了全世界。但走出来你会发现，这世界远远不止那个样子，新世界有太多新东西和新变量让人惊诧，未知世界的美妙让你震颤。

“老炮儿”创业要对未来有敏锐嗅觉

秦君：人一直待在一个自己最擅长的领域里，因为太熟悉，所以慢慢就变得对从事的事情没有了感觉，产生了倦怠情绪。需要新的东西来刺激自己，激发出自己的智慧。

毛大庆：对，你一直在熟悉的领域消耗你原来的智慧，当你看见一群新生的社会力量，正在慢慢地主宰这个世界和这个社会时，你们之间却没有交集，你就可能已经被这一批人给抛弃了。这是让我觉得最后怕的一件事情，所以我觉得自己幸亏选择了创业。

有个最根本的问题就是当你发现新生力量在超过旧力量的时候，旧的力量没有知觉。这是让我挺受刺激的一件事情。

秦君：这个时代的变化有它的周期性，不是所有人都是敏感的，其实回过头来看，我觉得时代属于对未来的判断和嗅觉特别灵敏的人。我这些年最大的幸运就是在这个行业里，没有被时代落下。所以不管你有多少成就，你最终会明白我一直是在一个很开阔的世界里，而不是一个很封闭、很独立的世界中。

毛大庆：我也在反思一个问题，为什么十几年前、二十年前大家对另外一个力量的成长没有那么大的敏感度，而现在这个时候会对“85后”“90后”主宰世界的力量这么敏感？

这是因为我们走了出来，跟他们交流沟通得多了，还有一点就是这个世界确实在发生根本性的变化。互联网时代也罢，共享经济也好，确实是人类社会的一次变革。我说我后怕，因为如果我们没有看到这些东西，再过十年八年我们看见也没用了。

秦君：整个中国这几年创业的崛起跟两点有关系，第一就是整个社会的经济运行规律、机制在发生变化和重构。第二，互联网加上一些新技术，它重构了一些产业，促使新的商业机会诞生。

案例方法论

时代属于对未来有判断、嗅觉特别灵敏的人。

抓住中国创业成功的两个关键点：整个社会的经济运行机制在发生变化；互联网 + 新技术进行产业重构，诞生新商机。开放、公平的好时代来了。机会就摆在那儿，就看你是不是要抓住它。

好的时代，创业者也需要有情怀。

管好自己的同时把握住未来形势

秦君：我们做的就是未来的事情，有人说优客是在拿一个人的青春做慈善，其实每当我见到干这个行业的人，都想说这句话。

毛大庆：这种付出是没有边界的。另外，我们用时间所换来的价值可能成几何倍数增长，释放了太多的能量，这就是赋能。

秦君：马云提出的这个赋能，是一种让人能够产生自我工作的内生力的一套动力机制，一个厂里头一旦形成了赋能，整个运行方式都会发生变化。按这个说法，可能未来企业中 HR（人力资源经理）都不需要有，甚至也不需要营销人员，因为每个人都是营销员、都是 HR，做好自我管理就行。

毛大庆：所以，我觉得未来的赋

能带来了一个新的交集，这就是社群经济带来的另一个新模式，将完全颠覆掉以前的大工业、大营销、大品牌时代。

优客工场未来做虚拟共享的新经济模式

毛大庆：这实际上是一个从互联网慢慢变成脑联网、人联网的时代，大家互相释放能量，这是共享经济的可贵之处。

优客工场实际上就是在干这件事，并且在过程中不断迭代。最早是联合办公，其实就是能量场聚集，其中可以挖掘的所谓剩余产能或闲置产能特别多。比如我们希望把优客工场变成一个对大量创业企业进行培训教育的一个平台，利用场内各种各样的创始人结合自己创业中的经历和问题、教训进行传递，这就是平台的作用，这样的办公模式跟原来的写字楼一个人单摆浮搁的办公模式就完全不同了。

其实，我们正在做集合式的媒体营销，可以从中间挖出巨大的资源，所以它完全不用再动用别的社会资源，更多是内生式的，就如你说的赋能，它才是真正的生态。

秦君：我很赞同你的看法。首先要实现聚合，只要有人就有一切，当大家聚合在一起的时候慢慢地挖掘，比如说哪些人熟悉做品牌营销，哪些人熟悉互联网大数据，未来自然会衍生出互帮互助的结果。

毛大庆：对，这会滋生出很多新的经济模式，所以对于“互联网 +”，互联网本身并不重要，但互联网加上很多新兴产业之后，会生出新的实体经济模型。

我们马上要开放第十个优客工场了，从入住率上看，大多数工场都在开放三四个月入住率就达到 80% 到 90% 的样子，需求量还是很大的。而且这个模型搭出来后会有越来越多人在上面进行滚雪球式的资源叠加。

第二步重点考虑的是聚合。其实最后它会变成一个撮合交易的平台，首先有一批企业会在上面导入他们的需求，之后撮合交易，变成一个结算和交易平台。迭代速度非常快，而且会根据不同企业进驻的状态，不断迭代自己的服务和产品。

到 2016 年，我们预计发展到 25 个场，如果加上众创空间，大概有 20 多万平方米，可以聚集 1000 家企业。

秦君：我觉得这些企业的入口，未来还可以再用其他的方式，去做很多的增值服务来变现。可以慢慢地把它变成一个学习的平台，有教育产品；第二，我认为这是个社交的平台；第三，所有创业者产品的交易平台。
未来优客这种虚拟的共享办公机制应该无限地扩展。我最近提出一个"三创"的概念：创新、创业和创投。把这个"三创"做成一个新的机制联动起来，来盘活政府的所有众创空间。我希望引导这个行业，完全地实现专业化和职业化的路径，就是政府把这个功能托管给第三方的社会机构，我觉得这是个很大的趋势。

毛大庆：其实联合基金出现以后，会给我们这样的联合办公平台加上一个非常大的翅膀。我们本身在后端做投后服务，所以现在需要一个非常好的前端去做投资管理。

秦君：事实上，我觉得不管美国怎么来做，都是投资加付款。

毛大庆：投资人一定要像个导师一样在帮他们。

秦君：这就涉及创业文化，我觉得叫教练也好、导师也好，其实在中国没有太多人愿意奉献这份时间和爱心，说教的方式反而更多。这让很多创业者跟客户之间还有一些距离。怎么去改变与客户的关系？要创造一个共享的、大联合的概念，而不是说我作为导师一定要说教别人。

毛大庆：我觉得他们可能好多人没把我们当投资人，而是把我们看作创业者，我觉得这是最好的状态。

秦君：我一辈子的状态，就是脚踏实地，这种踏实，给别人的信任度也是不一样的。

案例方法论

赋能一旦形成，企业将去掉营销和 HR。

优客工场未来要做虚拟共享的新经济模式。共享经济模式是网状的，互联网变成脑联网、人联网，形成能量的相互释放，这就是共享经济。它不仅是物理条件下的，更是资源上的一种生态。形成这种生态会经过两个阶段：第一阶段，实现聚合，只要有人就有一切；当能量聚集足够多时就需要挖掘利用，所以在第二阶段，要在生态中挖掘突出专业能力，并给他们做配套。

未来购买服务是大趋势。

万宝股权之争狠狠教育了所有人

秦君：您怎么看万宝股权之争？作为优客工场实质控制人，你怎么理解股权的设计？

毛大庆：有以下几个问题值得分析：首先是情怀。其实我很钦佩王石的这种大情怀，他开始就没打算要股份，在他 60 岁的时候，这一大堆股份通过全员公投的形式捐给了万科公益基金会，完成了他的心愿。

创业如果没有情怀和使命，企业就是没有灵魂的空壳，所以王石这种态度成就了万科的今天。我觉得万科是有王石很多的魂在里边，真的很了不起。

而且是企业职业经理人自管理、自驱动，职业经理人也没有什么股份，哪个股东能请到这么一伙人天天玩着命给你干？他们是一帮高人，还不拿股份，这个确实很少见。

创业者要拥有绝对股份控制权

毛大庆：从创业公司的角度上看，我觉得股份的管理还存在一些问题，这确实还是一个技术活，尤其在资本驱动的时代，资本为王的时候你是没有力量的，很多好的企业半路上可能由于受资本的左右夭折了，除了可惜也是对社会资源的浪费。

不是每个资本的道德观都是一致的，不能制定标准提出要求。所以，首先要保护好自己，这是很重要的。

不过，还是有很多成功案例的，比如任正非的华为，李开复的创新工厂，他们个人的股份都很少，他们很有情怀，也很有社会责任感，会打造出一个集体获得股份和持有股份的团队。这种模式还是比较理想的。

阿里巴巴在上市前，所有合伙人的集体持股，让这个企业产生了一个内生动力持续往前走，同时还能够不被资本过度地左右，创始人不拿那么多的股份，未必不可以。但是，在设计这个公司股份的时候，要找到一群核心的铁杆合伙人，能够铁心跟你一直干下去，成为一个集体驱动力，创始人特别信任他们。这伙人不能找错，这是个核心问题。

秦君：在资本为王的大环境中，我们可以看到两个很大的弊端：第一，创始人失去控制权和话语权。一旦创始人离开核心位置，就什么都没有了。第二，创始人保护不了这个企业，对合伙人不能尽到应尽的责任。合伙人是多还是少比较好？我主张人数要多，创始人至少要绝对控股。

毛大庆：股份是一个公司最大的财富，可以用它的能量换取公司前进的动力。股份是一种资产，因为有了这笔资产，才能有经营的条件，股份就是生产资料。

当然，当企业变成公众公司之后，那是另外一个局面，有公共规则可以约束。但企业没有上升到公众公司高度的时候，创始人就要保护好股权，不是指保护创始人个人的财富，它是一个创始人对公司负责任的一个工具，是所有人为这个资产而努力的唯一依据。

秦君：创业者应该特别重视股权的设计。现在很多传统的企业家对创业者投资时，张嘴就是我要投你、我要控股你。作为投资人，投资的目的是因为对方比自己更会做那个项目。假如说创业者没有动力了，投资人怎么办？

毛大庆：资本方与职业经理人，或者跟企业的管理者之间必须处理好关系，否则管理者把公司也毁了，资本也没什么好处，大家都不好。现在的创业者很缺这门课，很多人急着要找钱，找完了钱结果公司又没了，正是你所问的问题。

秦君：在天使投资早期，实际上很多机构都持有创业者20%的股份，这一点我就不赞成。这些年我对很多的创业者说，一定要绝对占有控制权。而融资的每一步，最好都能找到自己能够把握的资本。
这个时代优良的资产太少，万科这么清亮的一个企业，对别人那么透明，资产这么优良，当然谁都愿意抢。一个企业如果资产好，资本就会找上门。

毛大庆：其实现在资本是很多的，这是我们国家宏观经济调控的结果，现在很多钱飘在天上找不到投资的项目。所以，现在好项目实际上是不缺钱的，不要过度地去跪在地上求钱。

秦君：没错。这里面有个陷阱：很多大企业的资本，其投资是对利益没有要求的，只是对战略有要求，这也是毁掉创业的重要的原因。

为何说万宝之争是一堂鲜活的股权课

毛大庆：这是对创业的一节培训课，其中有很多内容，包括创始人的情怀、社会责任感和使命感。

另外，这也让大家觉得股权很重要，弄不好就会翻车。对投资人、对资本也是一个教训，如果对控股权使用过度，可能会把这家公司毁了，最后鸡飞蛋打，什么也捞不着。

案例方法论

创业者要绝对拥有股份控制权。

在资本驱动的时代，如果企业资本称王，便失去了前进力量，资本不是万能的。企业要有内生的动力，同时还要能善用资本、不被资本过度左右，这样公司才能够持续创新和发展。

万宝之争是一堂鲜活的股权课。

像万科这种优良的资产，谁都愿意抢。其实好项目是不缺钱的，所以你没必要跪在地上求钱。创始人的情怀是值得尊重的，但股份的重要性更不容忽视，弄不好就会翻大车。鸡飞蛋打，对资本本身也没好处。

秦君：对，因为最后所有的效益都通过一群人来体现，这群人不在了，你要这个资产还值不值那么多钱，这些都值得去思考。所以，一个企业很多时候被估值都是跟团队相关的。

毛大庆：我就觉得等王石先生平静一段时间，可以请他讲讲。王石一开始做万科，一直走到今天，其实囊括了所有企业家成长的经历，而且都在他身上以不同的时间点发生了。

在创业的路上，要有一些知己和朋友，这很重要。就像我们俩这样，经常看到对方强的地方和弱的地方，相互鼓励一下就撑过去了，自己觉得不是一个人在折腾，这种感觉也很重要。

秦君：我曾经做过一个《懂比爱重要》的主题演讲，主要内容讲的是，很多人不愿意去懂别人，反而去用很虚假的爱向别人示意，是这个时代的病。那种所谓的爱其实是不真诚的，但如果你能够真正懂别人，你就能够知道别人到底需要什么。

毛大庆：可能是宿命赋予我们这种责任去干这样的事，我真的觉得很多结果并非都是成就人的，很多结果都是教育人的。其实有人与你结伴而行的时候是最幸运的，它可以看到你看不到的，你可以看到他看不到的，所以我觉得正和岛干的一件事，包括我们优客工场干的事，都是这样的：结伴同行的同时，相互看路、相互指引。

案例方法论

创业路上，知己朋友很重要。彼此之间可以看到对方的强大和脆弱，映射到自己身上就会发现，大家都不容易，需要相互支撑着共同走过去。

对资本、股东、合伙人和自己都要有交代。像正和岛这样一个庞大的企业家群体，东华（正和岛创始人刘东华）要对很多人负责，这种责任其实也蛮沉重的，但沉重中饱含着使命感。

创业的结果，有时不是成就人，而是教育人。就像在王石身上发生的事，这种教育在创业的每个时间节点上都在发生，它对你的教育模式不同，对个人的冲击也是不一样的。

导师说 ＿ 毛大庆

互联网对于人类社会的改造，就如同当年电的出现，又是一次介质性的变化。当介质发生变化时，大创造时代一定会到来。今天的创业者要感谢我们遇见了一个伟大的时代，互联网时代的到来为我们创造了改变世界的机会。创业者应该像当年爱迪生这一群电的创业者一样，努力改造我们未来的人类社会。

除了商业模式和分红以外，创业者需要铭记两点：一是伟大的创业者要有伟大的情怀和信仰，以及生生不息的创业精神；二是学习新中国成立之初，邓稼先等一代老前辈“创业”研发两弹的那份执着，那种拿命去换创业成果的态度。

我在想，当我们醉心于中国的“大众创业、万众创新”的大潮和美丽憧憬的时候，全世界都在大众创业、万众创新，都在向着新的经济社会奔跑，我们如果不加入到里面，将会又一次落后于时代。我们今天的加入，仅仅是在世界大潮中没有落后而已，能不能领先，今天下结论都为时过早。

永荣控股吴华新

用智能制造解决标准化问题，是工业 + 互联网的未来

识别二维码
观看高清视频

嘉宾导师
吴华新（永荣控股总裁）

访谈主持人
姚明（姚明织带董事长）

访谈者手记

姚明

我与华新同志都是经营制造型企业的，我们感触最深的，就是整个公司大部分成本都发生在制造环节，制造环节的成本大约占了70%、80%，甚至90%。其实中国的制造型企业管理得并不到位，跟欧洲或日本一些企业的精益管理相比差距很大，大家心态比较浮躁，没有沉下心来去做事。听听华新同志的精益管理与智能制造理论，他给很多制造型企业提出了一些方向，其中的提案制度是值得很多企业去学习的。

姚明：华新董事长你好，永荣控股已经做到了亚洲化工的第一名，林腾蛟（正和岛福建岛邻机构主席）主席也称你们为“亚洲的纺织大王”，称你是闽商“守住主业”的典范，你怎么看待这个荣誉？

吴华新：我觉得守住主业是迫不得已，不是谁想守住主业就能守住。我们从家族企业经营开始，历经了几个不同的发展过程。

产品稀缺的年代，什么稀缺什么就能赚钱，所以我们经营过钢铁、煤炭等很多东西。我们从2002年的时候开始做尼龙新材料，这是一种与衣食住行、运动医疗相结合的消费品，属于很有未来的行业，所以我们就开始收缩其他板块。我个人觉得民营企业要成功，特别在中国这个环境下，专注很关键，只有专注一个行业才能成功。

所以我们从2007年开始变革、转型，最后回归到现在只在一个行业里打拼，即只经营尼龙新材料。我们也是迫不得已，是在各种环境下守住这个主业，放弃了很多辅业的。

姚明：发展历程中有没有一些比较典型的案例，跟大家分享一下？

吴华新：我是1992年参加工作的，当时我还是跟着我哥哥（董事长）一起打拼，在这个过程中主要是学习、历练。真正我掌管企业是在2002年，到现在差不多14个年头，这里面有两个非常重要的节点：

第一个节点，2002年到2008年期间，中国经济腾飞，是创业的一个很好时机，我们一个小小的尼龙工厂，从产能2000吨发展到50万吨，增长了两百多倍。这个过程非常关键，造就了我们企业在行业内的领军地位。

第二个转变性的时间节点，是从2008年的金融危机到现在。2008年让我们更感觉到职业化的重要性及现代化企业建设的重要性。从2008年开始，我们进行了人事结构调整，把企业里所有的家族人员陆续地以高薪清退。到了2015年，我们整个架构，从家族式的管理转变成现代式的管理，很庆幸我们走过来了，整个集团经理级以上将近有150个人，都是来自各个知名企业的，有来自恒大、中石化、万科、中联重科等企业的各种人才。

姚明：据我们了解，永荣控股正在进行转型，对于战略转型你们如何聚焦主业？如何进行上下游资源的整合和产业布局？

吴华新：从我父亲到我哥哥经营企业期间，永荣控股一直是一个多元化的产业，最开始的管控也是战略性的管控，没有真正做到运营性的管控。到了2008年以后，管控方式开始发生变化，特别是2014年，我们开始了运营性的革新，从战略性的管控变成扁平性的管控，后勤机构从非常庞大到非常简约，剩下的部门只有“两办五中心”加上五个事业部，成为一个很快捷、很灵敏的机构，再加上信息化，我们的战略从组织架构出发，做了一系列变革。

比如说我们请了最好的战略咨询公司，我希望民营企业一定要做到这一点，最好请国际排名前五的咨询公司来做战略。我觉得这个钱花得很值，去澳门可能一千万花了就没了，但如果这一千万用于战略咨询，万一产生作用，价值就会非常庞大。

随后是落地，我们请了全国最好的顾问咨询公司帮我们落地实施，在这个过程中我们还采用了提案改善、精益生产等措施，我们今年设定的目标是节约成本1亿元左右，明年目标可能要节约1.5亿元。

十二个字——全员创新、节约增效、分享成果

吴华新：对于生产管理，可用十二个字来概括：全员创新、节约增效、分享成果。我们首先成立提案改善委员会，由我亲自担任主任，然后各个车间、各个事业部做提案分委主任，设定前一到五名的不等奖金，首先让员工提案。刚开始的时候我们需要提案数量，每个月进行一次表彰，

我们都给奖金，从 50 块到 500 块，每个人都可以拿到，收到了几千个提案；提案里面形成效率的，根据提案的大小，我们设置 1000 块到 50000 块不等的奖金。

这样，设备的运用、物料排放的浪费就杜绝了，变成零浪费、零库存、零事故，员工的积极性就激发出来了。在金融危机重重、经济萧条的情况下，员工士气非常好，是整个团队拉着大家前进，因为他们每个月开始评审之前，都要开很多会，号召全员创新，“变成一家人”的员工思想就形成了，每个人都把它当成自己的事情。

案例方法论

成立提案改善委员会，由我亲自做主任，然后各个车间、各个事业部做提案分委主任，让员工提案，每个月进行一次表彰，从 50 块到 500 块，每个人都可以拿到，收到了几千个提案；提案里面形成效率的，根据提案的大小，我们设置 1000 块到 50000 块不等的奖金。这样设备的运用、物料排放的浪费就杜绝了，变成零浪费、零库存、零事故，员工的积极性就出来了。

先升级，再转型，不行就转身或脱身

吴华新：对于升级转型，现在很多人都一直在纠结转型还是不转型，我非常认同东华老师（注：正和岛创始人刘东华）的观点，先升级后转型，转型不行就转身、脱身。未来中国的中产阶级会非常多，所以在企业升级中应该有很多的机会，企业把产品升级上去，做得更高端，加上互联网，加上供应链，加上智能建设，会创造出更好的东西。中国很多制造业并不是进入黄昏，其实还有很多的路要走，有很多的精益工程没做出来，很多精美的高质量的产品没开发出来，我觉得这条路还是要坚持走下去。

当然，升级要看未来有没有方向，未来跟中国中产阶级是不是配套的，如衣食住行、运动医疗等。如果配套，而且企业在国内的地位又是老大，就一定更要坚持；如果说你的企业排到二十几名以外，那就要转身，转型不要做了，转到其他方面去，转不好那就脱身，离开行业未尝不是一件好事。

柔性化生产

吴华新：我们一定要拥抱互联网、拥抱供应链、拥抱智能，我们现在转型是从石油化工转到新材料+供应链+互联网。我觉得这是一个未来的行业。

姚明：现在处于互联网时代，信息化无处不在，你们公司信息化建设得怎么样？对内、对外都采取了哪些措施？

吴华新：既然要拥抱互联网，首先我们要完善内部的数据平台，我们在2012年就开始了内部的供应链建设，现在ERP已经走过第三期了，已投资将近一个亿了，未来还会继续投。未来我们会把供应链全部打通，这样做是为了提高工作效率，进行柔性化生产。我们有四个工厂，有在福州长乐的，有在莆田的，让它们无缝地连接起来，形成柔性生产模式，让客户能够随时知道我们的订单和产品的情况，我们也随时能知道对方的需求情况，这是非常关键的。

你想做好与外部互联的网络，首先要把内部建好。我们的供应链包括产供销、OA办公（办公自动化），更加重要的是柔性生产，让生产效率更快。一个订单不管是要一件还是N件，我们都能够迅速地出货，让客户随时随地了解状态，这是我们要追求的一个目标。现在客户对我们非常满意，一个订单，几天就可以送到客户手中。

客户要的无非就是两样东西：第一，你让他爽，他不用干活，所有工作都给他做完了；第二，商品要便宜，当然有个前提，肯定是高质量的产品，这正是我们的追求。

案例方法论

客户要的无非就是两样东西：第一，你让他爽，他不用干活，所有工作都给他做完了；第二，商品要便宜，当然有个前提，肯定是高质量的产品，这正是我们的追求。

吴华新：柔性建设完成以后，我们正在做信息化建设的第四期和第五期——电商平台。我们先做尼龙新材料，后面会把平台打开，做其他材料，这样我们建设的内外互联的网络的价值就产生了。

我们的供应链里面会提供金融服务和物流服务，并在一两年以后实行新材料 + 互联网，借助大数据，借助互联网，借助平台，这是我们工业 + 互联网的一个核心。

技术人员变身超级销售人员

姚明：您能不能介绍一下，在市场不断变化中，永荣控股采取了哪些市场创新和营销创新的方式？

吴华新：现在产能都过剩了，卖产品很难，竞争很激烈，客户要求很高，淡旺季变化很快……但面对这些弊端，无法抗拒、不能逃跑，我们只有一种方法——积极面对。所以我觉得经营创新非常关键，技术营销是我们企业经营的一个核心词。

如何做好技术营销？首先，我们要把品质做好；其次，要把研发做好。我们在经营上采取"一推二拉"的战术，"一推"意思是 B2B 模式下只能向客户推送产品信息，但是像我们做新材料的企业是从后面的品牌商往回拉，即找到客户的客户，或者客户的客户的客户，从他们的需求往回拉。比如像浪莎袜业要与我们做生意，要去锦江科技买纱线，做出来风格很舒服、环保、无静电等等，我的客户的客户会指定我的客户说，你要到锦江去买，它的某些产品符合市场的需求。

我们在往回拉的过程中，根据不同的类别，很容易知道客户需要什么，也就是知道客户的客户需要什么，所以“一推二拉”就是我们的技术营销。我们的工程技术人员经常与客户的工程师一起研发。我们请了专门的咨询公司梳理整个流程，找有经验的机构帮我们成立了技术中心，技术中心不是研究新材料，而是研究客户的客户需要的产品。我的工程师比别人的厉害，我的仪器比别人的更先进，这样客户就很依赖你。

这样一来，技术人员变得很忙，客户都需要我们一个月必须去两次，因为他们有些新产品是我们为其研发的，研发完就送给他们用；另外，技术人员能为他们解决各方面的问题。我们拥有产业链下游的核心技术，拥有中国最高端的人才，所以客户需要我们的服务。用技术营销抓住客户真正的需求，永荣控股已经把技术人员变成超级销售人员了。

案例方法论

经营创新非常关键，技术营销是我们一个核心的词。“一推二拉”就是我们的技术营销。我们的工程技术人员经常跟客户的工程师一起研发。用技术营销抓住客户真正的需求，永荣控股已经把技术人员变成超级销售人员了。

细节战，高激励，好客户

姚明：永荣控股大部分还是立足于国内，现在国家提倡“一带一路”，提倡企业走出去，永荣控股在“走出去”方面，有什么打算？

吴华新：永荣控股现在的经营和发展仍然在国内，但我觉得必须走出去。我们最开始的时候尝试用对外贸易的方式走出去，因为东盟国家和欧洲的桥头堡土耳其都是零关税，我们一般卖到欧洲的一些产品都是在土耳其中转，还有北美的墨西哥、美国，这些国家都有我们的客户，当然还有一些新兴国家，包括印度与巴西，但是目前印度跟巴西都对我们进行实施反倾销的贸易手段。

目前整个外销的比例还不是很大，大概只有5%，主因是受到国际贸易壁垒的影响，而这些地方存在着广阔的市场。不过我们仍然要前行，在前行的过程中我们也遇到了很多问题，例如，怎样绕过第三国的加工，去往目的地国家等。目前的成效还不是那么好，但是一些国家知道我们在这个市场上的份额，包括北美、欧洲还有东南亚，这些地区的客户对我们的产品非常认可，给我们的毛利都很高。

我们也参加各种展会和进行各种走访，也利用互联网做订单，各种方法都会用上，现在只走一条路是行不通的。

我们在管理和营销上定了一个目标：第一，细节战；第二，高激励；第三，挖掘好的客户。我们用这三招锻造了现在的团队，尤其是营销团队，是一支名副其实的狼群团队。今年的业绩成长也非常好，增长了13%，很难得，明年我们增长的目标定得很大，要增长20%以上，大家都认为能够完成。有这个狼群团队在前进，我必须支持，支持他们完成目标。

布局人口基数大的国家，享受人口红利

姚明：今年整个制造业的销售量都是在下降的，但是你们能增长13%，是非常难能可贵的。我认为制造型企业碰到了一些瓶颈，包括现在劳动力成本越来越高等问题。你对印度这个市场有什么看法？你的前瞻性和开拓能力比我好，我还是属于比较愚钝、比较保守的人，你这条路走得很妙。

吴华新：印度是一个未来的市场。我比较看好印尼、印度这些人口基数比较大的国家，他们相当于人的22岁，未来的开拓空间非常大。特别是我们做新材料或者做纺织品领域的企业，首先就是要人口红利。为什么我们去印度、土耳其、印尼呢？因为人口基数大，是纺织大国，意味着未来的发展空间会很大。你坐在了风口上，你就胜利了。

善阵者不战、善战者不败、善败者不乱。第一步把这个布局布到未来几十年能够欣欣向荣的国家，并且它利润很丰富、成本很低廉，特别适合劳动力密集型行业，前途无量。有个说法是“天下难赚印度钱”，但是能赚印度钱的可能只有中国人，我们这两年也在印度那边设了工厂，也算是扎根下来了，大概有几百个员工。

印度跟二十年前的中国很像，百废待兴。新的总理莫迪上台后，要大力发展基础设施，大力发展制造业，这给了我们很多机会。我们在孟买有个办事处，也是厦门政府驻印度的经济联络点，能帮政府做一些事情。

案例方法论

善阵者不战、善战者不败、善败者不乱。第一步把这个布局布到未来几十年能够欣欣向荣的国家，并且它利润很丰富、成本很低廉，特别适合劳动力密集型行业，前途无量。

智能制造解决标准化，是工业 + 互联网的未来

姚明：永荣控股在制造环节倾注了比较多的心血，包括引进了一些智能制造的概念，甚至有些工作是机器人在做，您是怎样做到这种更精益的生产管理的？

吴华新：对，这可能是制造企业里一个最难的问题，人多了标准就会不一样，有些次品就会混进去，一颗老鼠屎，就坏了一锅粥。怎样把标准固化下来？不能靠人，必须用智能制造来解决。

先是解决标准化的问题。用设备来标准化，用机器人、机器臂或者机器固定模式，效率很高。整个生产链从投料开始就能当即输送，到了生产过程中，不需要人来检验了，用红外线来测验大小，其标准或者工艺条件，按两下按钮就解决了。从投料过程，到生产过程，再到检验过程，同步开启智能应用，然后到了智能立库环节，机器人包装完，直接送到立库中去，一个动作就把你所需要的产品送到你的叉车旁边，再把叉车送到它的集装箱中去，工作就完成了。

现在，我们的内部平台搭建，加上智能制造，然后用工业互联网连接起来。未来，互联网在前端，工业就在后端了，前端会变成互联网的一个页面或一个商城。只有标准跟固化住的智能机器人，才是整个工业加互联网的未来。永荣公司的这种智能制造，是在当下被大势所逼出来的，尤其是在当下“双创”（大众创业、万众创新）的大背景下，不管是大学生还是年轻人，都不喜欢去制造型企业，他们觉得太脏太累了，工作没有成就感和自豪感。这逼着我们要学习用智能去代替人工，包括用机器人，用一些优良的机制、完善的系统，尽可能减少对人力的依赖。

案例方法论

永荣公司的这种智能制造，是在当下被大势所逼出来的，尤其是在当下“双创”（大众创业、万众创新）的大背景下，不管是大学生还是年轻人，都不喜欢去制造型企业，他们觉得太脏太累了，工作没有成就感和自豪感。这逼着我们要学习用智能去代替人工，包括用机器人，用一些优良的机制、完善的系统，尽可能减少对人力的依赖。

“书包”“球包”和“钱包”，都不能放弃

姚明：我经常号称自己是快乐工作、站着睡觉的人，你也是很敬业、很拼命的人。工作以外，你怎么安排你的时间？有什么兴趣爱好？

吴华新：四十不惑，我们经常要放弃很多东西，但有几个东西是不能放弃的，我觉得最关键的是三个包——书包、球包、钱包。

第一个是书。书是跟随我们一生走下去的关键支撑，特别是我们遇到困难、挫折的时候，苦就是人生，怎样在困苦的人生中找到快乐的事情呢？我在书本上会找到很多。第二个是运动。人还是要坚持运动，以保持我们头脑清醒，球包就成了我离不开的运动工具。当然，钱包更关键，企业做不好，也没有心情去读书和运动。

我也喜欢旅游，喜欢历史。带着孩子偶尔旅旅游，然后跟朋友喝喝茶、聊一聊、谈谈合作，共同找一些新的模式出来。我觉得新常态下不存在大环境好不好的问题，你自己做大做强，环境不好可能更是机会。

怎么面对我自己的人生，走完这条有价值的路，我觉得这是挺有意思的一件事。

导师说 —— 吴华新

永荣公司到我这里，已经是第二代了，第一代是我父亲和我哥哥经营。我们从 2007 年开始变革、转型，最后回归到现在只有一个行业——尼龙新材料，我们也是迫不得已，是在各种环境下守住这个主业，放弃了很多辅业的一个过程。

只有标准跟固化住的智能制造，才是未来，才是整个工业 + 互联网的未来。我也提个议，民营企业家如果要做工业 + 互联网，永荣公司有很多经验可被借鉴，欢迎大家到我们这里，共同沟通怎么样把互联网 + 工业做得更好。

菲尼克斯顾建党

中德合作典范是这样一点点造就的

识别二维码
观看高清视频

嘉宾导师

顾建党

［菲尼克斯（中国）投资总裁］

访谈主持人

吴小卫

（弘道置业董事长）

访谈者手记

吴小卫

从1993年至今，菲尼克斯（中国）扎根南京已经二十二年，菲尼克斯过去二十二年见证了中国各产业的快速发展，在这个行业里面已经成为德国创新品质和中国产业最好的合作伙伴，打造了一个中德合作的典范，架起了德国产业和中国产业共同发展的桥梁。

作为德国产业隐形冠军的优秀代表，德国菲尼克斯为各行各业提供了有保证的品质、技术和解决方案。二十二年中，菲尼克斯从一个非常优秀、有独特魅力的德国家族企业，如何一步步发展成为一个真正扎根中国的中德跨国公司？在与顾总的对谈中，我深受启发。

优性理论：企业内部对话的三个阶段

吴小卫：菲尼克斯（中国）公司在成长的过程当中，遇到了很多的困难或者挫折，当时是怎么样来克服的？

顾建党：吴总应该对一个外资企业的成长有很多思考。菲尼克斯能有今天的发展状态，外因是中国经济快速发展的大好形势，内因是菲尼克斯的独特性——中德之间信任伙伴关系的最好见证。

但任何这样的伙伴关系实际上都要经历三个无法避免的过程：任何一个德国企业来到中国，第一个阶段就是德国的管理团队和中国管理团队的信任阶段，这个阶段非常美妙，但也非常短暂。第二阶段不到半年就来临了，就是相互不认同。德国企业在初期对进入中国市场期望很高，但是过了半年之后会发现中国产业和德国产业的发展阶段完全不一样，所有的中国本土管理团队，在产业、技术、管理等方面和德国管理团队认同差距很大，这个痛苦的煎熬和碰撞的阶段经历了三年时间。第三个阶段是成熟的信任伙伴关系，德国人的价值、智慧很好地融入到了中国公司的发展理念中，中国人的智慧、理念也融入公司。

我们希望中国的管理团队能够超越德国相对传统的管理方法，更贴近中国市场，贴近中国客户，去引领技术的发展。德国人强调一步一个脚印，不能够跨越这个过程，但实际上中国产业的发展和德国产业的发展路径不同。我们在十年前把菲尼克斯全球的创新和研发中心扎根在中国，于是一个外资企业从销售、常规制造为导向，变成把中国作为全球的竞争力中心，建立了菲尼克斯第二阶段和第三阶段可持续发展的坚实基础。

吴小卫： 刚才建党讲了几个阶段，即先是几个月的蜜月期，接下来到了争论的阶段，互相不信任，这是 2.0 的阶段，到了 3.0 阶段的时候，是能够互相地换位思考，站在对方立场上来考虑问题。

菲尼克斯的经历，完全符合美国麻省理工学院的“优性理论”——企业内部对话的时候分为几个阶段：1.0 阶段完全是礼貌的，是很浅表的一种关系；2.0 阶段是互相打开思维、互相沟通，但都发现与对方的差异，都坚守自己认为正确的；3.0 阶段是能够站在对方的立场上，考虑对方的优势。

所以，3.0 阶段就表现在你和副总裁马先生长达十年以上的良性循环，就是他能够充分地了解到东方人或者中国人的智慧，同时中国团队也愿意学习德国企业精益求精的工匠精神。

我也相信最终会达到 4.0 阶段，不只打开思路，而且打开内心，以共同的意志，建立共同的场域来迎接一个新的工业 4.0，或者说中国制造 2025 的一个新时代。

案例方法论

企业内部对话的时候分为几个阶段：1.0 阶段完全是礼貌的，是很浅表的一种关系；2.0 阶段是互相打开思维、互相沟通，但都发现与对方的差异，都坚守自己认为正确的；3.0 阶段是能够站在对方的立场上，考虑对方的优势。

产业情怀 + 高度信任实现共赢

吴小卫： 我很好奇，比较传统的德国优秀的家族企业，进入中国的时候，我听到的很多案例都是不成功的，但是菲尼克斯进入中国以后取得了很大的成功。如果说用木桶理论来理解，你认为德国的决策层有哪些长板和短板？中国的团队有哪些长板和短板？他们是如何能够在一起合作的？

顾建党： 德国企业最独特的竞争力就是产品、技术、创新和严谨，另一方面他们也会自以为是，认为做事方式、管理方法就应该是德国式的。中国团队最大的特点是有一种积极地拥抱新事物的心态。另外，中国菲尼克斯管理团队有非常强烈的中国产业情怀，除了做大，还要让菲尼克斯在中国的发展成为中国产业可持续发展的一个基石。中国菲尼克斯更了解中国客户、中国市场，很多管理理念、方法都最贴近中国市场。我经常说一句简单形象的话，就是“把德国的最优秀的方脑袋，嵌到最优秀的中国的圆脑袋里面”，两者之间能够完美地结合，相互的不足就能够得到很好的弥补。

吴小卫：欧洲很多企业进入中国市场以后，刚开始做得很红火，但后来因为各种原因都退出了。菲尼克斯进入中国二十二年，在中国有更大的目标，他们在中国有什么样的战略考虑？

顾建党：很多外企的中国战略，或与对中国市场的认知有关。我们回顾过去的二十年，中国经济处于改革开放的快速发展阶段：第一个阶段，几乎所有的外资企业和中国的产业相比，在产品技术、创新等各个方面在中国是包打天下的，所以一般的外企在那个阶段都活得比较好，看起来比较成功；但是，第二个阶段来临的时候，也就是过去的十年到十五年这段时间，如果任何一个外资企业没有坚定独特的中国战略，包括本土的市场战略、本土的团队战略、本土的创新战略，在中国都做不到可持续发展。

在过去十年到十五年的时间中，中国菲尼克斯的产业情怀、坚定的中国战略，以及德国的管理团队、德国的投资方也对中国管理团队给予高度的信任，使得双方的合作有着非常坚定的意志。

我只举两个例子来说明：2008年和2009年全球的经济危机，毫无疑问也波及中国，菲尼克斯在那个阶段推出了寒冬战略，我们叫不经济性的裁员、不经济性的减薪、不减少对中国的战略性投资、不改变对中国客户和中国产业的承诺。在那个阶段，几乎是第一个外资企业坚定地表达了这个观念。

2008年12月菲尼克斯的北京中心开业，2009年4月菲尼克斯作为一个家族企业决定投资3500万美元，注册成立菲尼克斯（中国）投资有限公司。这对一个家族企业来讲是个巨大的挑战，但是在金融危机的环境下，中国的管理团队和德国的投资方做了一个最根本的战略决定：对中国未来充满信心。

菲尼克斯坚持两点：一是投资中国。我们相信菲尼克斯坚定投资中国一定会有回报。第二，坚定地投资未来。如果对未来有美好的期待，对这个投资的意志就更加坚定。到了 2012 年和 2013 年，我们把注册资本提升到一亿美元，成为国家级地区总部。

第二个例子是本土创新。菲尼克斯在过去的十年，打破了德国中型的家族企业最大的心理障碍。即使到今天为止，90% 或者 95% 以上的德国家族企业，它的研发中心只在德国，真正的创新平台只在德国，这就是德国家族企业的特点：把最核心的东西都要留在自己的眼睛看得到的地方。

而菲尼克斯十年前就把中国打造成为全球三大竞争力中心，过去的十年以本土创新引领中国产业的共同发展，真正和中国的战略新兴行业融合在一起，最终把中国的创新团队的创新能力和德国全球的创新能力结合在一起，扎根在中国。同时这种创新又和中国产业第二次升级也能够结合在一起。

现在的菲尼克斯，从工厂到研发，可以说一个外资企业的全价值链的竞争力都已经扎根在南京，扎根在中国，这是家族企业最大的特点。这两个最大的决策奠定了菲尼克斯在中国发展的坚实基础，也使菲尼克斯能够在未来的征程中有更好的保证。

案例方法论

菲尼克斯进入中国市场的成功基于中国菲尼克斯的产业情怀和坚定的中国战略。

德国的管理团队、德国的投资方对中国管理团队给予了高度的信任，所以双方有着非常坚定的共识。

小产品、大事业

> **吴小卫：** 我在参观菲尼克斯（中国）公司的时候，经常有种感受：你们做的是一个很小的电气产品，但是做的是一个非常大的事业。你怎么样理解菲尼克斯提出来的“小产品，大事业”？

顾建党： 菲尼克斯也是德国隐形冠军的优秀代表，他们都是从一个小的领域开始起家，一步步地随着产业的创新不断地去扩展、延伸，坚定做小事、做小产品的这种理念，在过去的二十二年，中国菲尼克斯体现得更深远。

当我二十二年前从南瑞集团离开进入菲尼克斯的时候，心里实际上是不习惯的，因为我以前从事电力系统自动化相关工作，感觉做的是高大上的产品。通过菲尼克斯在中国二十二年的践行，甘当配角，做小产品，我越来越深刻地认识到什么是以小见大，即任何大的东西都是由很多小的、独特的竞争力累积起来的，这一点是德国优秀企业的法宝，也是中国产业现在最大的瓶颈。今天你要让我去做大事情，反而不会做了，只会用心把小事做好。你会发现我们所期望的这种愿景或者梦想，也许一不小心就变为现实了。

案例方法论

菲尼克斯始终践行甘当配角，做小产品，我越来越深刻地认识到什么是以小见大，即任何大的东西都是由很多小的、独特的竞争力累积起来的，这一点是德国优秀企业的法宝，也是中国产业现在最大的瓶颈。

产品为王，还是客户导向？

吴小卫：对于产品为王和客户导向这两个方面的经验，您有没有要和企业家分享的？

顾建党：在产品为王这个战略基础之上，如何更好地去贴近客户、贴近市场，是菲尼克斯尤其是制造业，在面向未来的产业变革中必须去做的战略引领和战略调整。

过去三年，菲尼克斯进行了战略组织架构的变革，也叫 CP2.0。菲尼克斯过去以产品为导向的业务模式，转为以产品系统和解决方案为引领的新商业模式，这里面最大的特点就是菲尼克斯以产品、技术、创新为内核，在业务模式、业务管道和对客户产业的理解和引领方面真正要做到位。

在过去的三年，菲尼克斯从一个业务组织变成三大业务组织，从以产品为导向变成以产品、系统和解决方案为导向；从过去业务模式通过分销商到现在直接对最终客户进行服务；过去仅仅知道客户使用我们的产品，现在则要去思考最终客户服务的产业是什么，我们要去了解对方产业的变化，也就是将行业解决方案作为菲尼克斯未来的业务模式。

菲尼克斯今天把产品为王和客户导向很好地体现在了业务模式上。在营销上，从 4P（产品、价格、渠道、促销）到 4C（消费者、成本、便利、沟通），从客户到用户；在产品上，菲尼克斯从产品到系统解决方案，不只是在做产品，更多的是在做服务，即从一个生产商或者销售商转变成一个服务商。我们的解决方案，都是以真正去理解最终客户的需求为引领的一种服务模式，我认为这可能是对制造业和工业品类的企业最大的挑战。

案例方法论

要在产品为王的战略基础上更好地去贴近客户、贴近市场，从以产品为导向的业务模式，转变为以产品系统和解决方案为引领的新的商业模式。核心是要真正理解客户的需求。

四步走，探索智能制造之路

吴小卫：现在德国提了工业 4.0，中国提出了中国制造 2025，菲尼克斯在智能制造方面有什么新的探索吗？

顾建党：这正是过去三年我个人及菲尼克斯在中国最大的转型，很痛苦同时也有收获。从以下两点来看：第一，在过去三年，菲尼克斯深刻地认识到，移动互联网在过去的五年中改变了整个消费产业的形态；第二，我们已经看到移动互联网进入了企业，不管你是属于消费产业，还是工业制造，都一步步地进入了工厂，也就是说全链接世界的来临，是一个不可阻挡的趋势。所以菲尼克斯提出了一个“改变、创赢、未来”的口号。

另外，菲尼克斯是电气自动化领域的重要参与者，同时又是德国工业 4.0 的核心驱动者和产业引领者——德国工业 4.0 的 13 个创始成员之一。所以说从 2013 年开始，菲尼克斯就坚定地把推动德国工业 4.0 和中国产业结合作为菲尼克斯非常坚定的使命。

那么，在推动产业进步的过程中，菲尼克斯做了几件事情：第一是菲尼克斯同中国在智能制造领域领先的单位——上海工业自动化仪表研究院，共同成立国家级的智能制造创新平台，这就使得推动中国产业未来智能制造，尤其是中国制造 2025 方面，有了一个坚实的基础；第二，在工业

4.0 和智能制造愿景中，中国最缺的是人才，所以我们和同济大学中德工程学院建立了中国第一个工业 4.0 的示范智能工厂；第三，与中国很多不同行业领先的企业去探讨在每一个行业如何和互联网结合，如何走向智能化的发展路径；第四，菲尼克斯和中国的一些优秀企业建立 “1+1 ”或者 “ 1+1+1 ”这种本土合作伙伴的战略合作模式，共同去推动中国的智能制造和中国制造 2025。

导师说 —— 顾建党

跨国公司与中国企业的合作方案，向来都是通过并购的方式和中国产业一起发展。但菲尼克斯推出了一个“本土合作伙伴计划”，是以不控股、不并购的方式和中国优秀的中小型企业，即有隐形冠军特质的优秀企业进行全方位的战略合作，包括股权合作，成为这些优秀企业背后的第二股东或者第三股东，以交叉持股的方式，站在这些有望成为中国隐形冠军的企业背后，成为支撑者，同时又能够和菲尼克斯的产业生态及菲尼克斯在中国未来的智能战略布局有机地结合在一起。

芬尼克兹宗毅

“裂变式创业”的几个关键点

识别二维码
观看高清视频

嘉宾导师
宗　毅（芬尼克兹创始人兼总裁）

访谈主持人
贺　宇（量子高科总裁）

访谈者手记

贺　宇

作为中国第一批特斯拉车主，宗毅不满官方建充电桩费时费力的办法，利用众筹的方式自费捐建充电桩，打通了第一条南北充电之路。后来，他又开始了他的“80天电动车环球之旅”，坐在特斯拉上洞穿时代、游遍世界。同时这个举动也让他被贴上了全球营销的负面标签，但是他说，一个好的公益活动一定要跟一个好的商业项目进行结合，这才是真正的公益之道。

如果你问他：去过那么多地方，还有时间打理公司吗？他会给出一个回答：“管理的最高境界就是不管！”怎样能做到不管呢？看看本文你就知道了。

比如，大家最津津乐道的是宗毅在芬尼克兹基本法中的规定——总经理5年一换。这是典型的互联网思维——用产品迭代的思想迭代总经理，防止老化。又比如宗毅只允许“85后”的年轻人当总经理，老员工必须支持，杜绝了“倚老卖老”的现象，可以与市场保持最近的距离。值得一提的是，这种裂变式的创新，初衷是为了留住人才，现在成为圈中深得人心的吸引人才、让年轻人接管企业的范例。许多商学院也将之奉为传统企业转型的活教材。

案例方法论

B 端粉的效用和价值远远大过 C 端粉。

一个好的公益活动一定要跟一个好的商业项目结合。

选人，而不是选团队，班子由领头羊定。

千万要记住，要拿员工的钱，不要拿风投的钱。

让员工变成股东，这样使股东和员工的利益变得一致。

当老板的人不拿年薪也不丢人，但是高管拿低了就很丢人。

今天这个时代不要想结果只讲问题，结果让别人去想。

B 端粉的效用和价值远远大过 C 端粉

贺宇：打通南北特斯拉之路，你当时的出发点是什么？为什么要这么做？

宗毅：我是特斯拉第一批车主，我认为原来修充电设施的方式太慢了。去圈一块地然后要装超级充电桩，整个投资大概要一两千万。而且这么做民间的力量都没有被动员起来，实际上如果把充电桩交给酒店，当车主充电的时候，因为时间比较长车主自然就会入住，酒店就能够获利，所以酒店是有动力做这件事的，但是传统企业不太善于这样做整合。

一开始，我就是觉得做这件事情很酷，纯粹是出于个人爱好。没想到做的过程中，我发现这件事情带来了大量的关注。最开始的时候我做了一些讲演，因为我觉得要想把这件事情做好，我一个人做是不够的。如果能把万达、万科、银泰这种级别的企业吸引进来就好了，因为本身他们是物业，有大量的 shopping mall（大型购物中心）等地产。我又担心这个讲演没人听，因为修充电桩这件事可能只是车主感兴趣，所以我又讲了裂变创业，发现好多人来听，老板们特别喜欢，这样我就有了一批 B 端的粉丝。我认为 B 端粉的效用和价值是远远大过C端粉的。就是你有几十万的C端粉，在价值上是不如几千个B端粉的，因为一个B端粉的采购额可能一次就会过千万。

就这样，我就走上了一条做内容的路。如果你做了一些事情，让大家觉得听了你的演讲受益匪浅，对你的企业很认同，远远好过你去推销产品。比如说我推销产品给你发个广告，可能你两下就把我拉黑了，但是我发几篇裂变创业的文章或者我们公司比较好玩的事情，你不但不会把我拉黑，还会到处传播我的内容，到处帮我转发。

好的公益一定要有好的商业作支撑

贺宇：后来，你又参加了一个80天环球行的活动，有人说这是为了搞世界营销，你怎么解释？

宗毅：是的，我和一个西班牙裔的德国人一起开着特斯拉，用80天做了一次环球旅行，向人类证明，电动时代已经到来了。实际上我觉得这件事不论从公益的角度，还是对我个人来说都很有意义。因为只有鼓励大家开电动车，空气才可能会变好，同时这跟我的事业也结合得比较紧密，因为我自己就是做节能环保事业的。说我这样做是搞世界营销没有错，但是我认为一个好的公益一定要跟一个好的商业进行结合。因为企业做公益是需要大量金钱的，如果企业都做不好，你怎么做公益？所以，好的公益一定是带着私心去做的，做了以后对社会有好处，同时对企业也有好处。

先有项目，后有人；先选人，再定班子

贺宇：在做裂变式创业的时候，你是有了项目再选团队，还是有了团队再去选项目？

宗毅：一开始的时候有项目。

贺宇：再去选团队？

宗毅：选人而不是选团队，记住，就选一个人。就跟美国选总统一样，是选奥巴马，而不是选奥巴马那个班子。

宗毅：班子是他定的，如果你给他配班子，你会发觉这些人不一定是他喜欢的，最后内耗会比较高。

> **贺宇：**班子由他定？

“人民币选举”是为了让投票者有责任感

> **贺宇：**你的那个人民币选举是怎么回事，给我们讲讲。

宗毅：我担心在选举的过程中，竞选者可能口才很好，很有鼓动性，但没有真才实学，评委却可能因为他的现场表现特别好而把票投给他——下面的选民与候选人没有直接利益关系。最后，我的办法就是把选民变成股东，即你们不要说同意不同意，觉得这个项目好，这个人好，就把钱投给他，而且不能少，至少五万块钱。我认为没有人会拿五万块钱随便往水里扔，这样他投票时自然会很负责。

股权这么分才合理

> **贺宇：**如果后来发现这个项目总经理不适任怎么办？

宗毅：如果连续两年完不成董事会确定的任务，要进入弹劾机制，基本上就是被撤掉。

> **贺宇：**撤掉以后，他的股权怎么处理？

宗毅：股权在。

> **贺宇：**换新的 CEO 上来，股份怎么分配？

宗毅：大家缩股给新的 CEO，大股东比如说我减持，因为我们公司初创时，我会多持百分之几的股份，目的就是留给将来进行减持。

千万要记住，要拿员工的钱，不要拿风投的钱

贺宇：有些人说你们现在有一种虚拟股份，能不能给我们介绍一下？

宗毅：因为要上新三板，虚拟股份现在已经取消了。但是我建议大家可以采用虚拟股份这种方式，为什么？比如，为了让芬尼克兹的高管持股，我们就成立了第二个公司，然后让他们都在那里入股，但怎么让这些高管努力工作使公司业绩更好呢？这的确是一个问题，我们就想办法让该公司的业绩跟他们有关系。于是，我们就做了个虚拟股份，是怎么做的呢？那一年，我们的资产刚好是9000 万，我们跟高管融 1000 万，大概占 10%。当年我们的业绩是 3000 万，就分 300 万给大家。然后每年搞一次，因为股份跟职位有关系，今年你可能是部长，明年你可能是副总，比例会不一样。

这样做的好处就是，业绩跟他们的努力挂钩，没有业绩就不分红。我们担心他们没信心，就做了一个 10% 的保底，为什么要保底呢？我跟银行借款还是 8% 呢，我给员工 10% 应该的。我认为这是对没有股份的员工的一种激励方法，而且同时也融资了。拿员工的钱比拿风投的钱好得多，拿风投的钱大家都想着怎么浪费。一旦自己的钱进去，他会这样干吗？他会省着用。所以千万要记住要拿员工的钱，不要拿风投的钱。

管理层如果高工资，战斗力就会弱

宗毅：管理层如果高工资，他的战斗力会弱，公司费用会高，利润就

会低，最后股东利益就小。所以一定要用低工资高分红，让员工变成股东，这样股东和员工的利益一致。最大的好处是不需要监管，一定要想办法让股东和员工的利益是一致的，而唯一的办法就是把员工变成股东。

人民币竞选很重要，不要相信干股

贺宇：想学裂变式创业，最应该注意什么呢？

宗毅：要想学裂变式创业，必须做到两点：第一，人民币竞选一定要有竞选机制，而不要任命机制。任命机制有个什么问题呢？万一做不好对方会怪你，会怪你说你把他前程也毁了。为什么呢？因为做一个新项目难度要比旧项目大得多。第二，要人民币入股，不要相信干股。我们有个总经理，他原来是海外部经理，28 岁的时候年薪 70 多万。升职以后，给自己定了个年薪是 5 万块，从 70 多万降到 5 万，因为这样可以降低成本。这里有一个道理，就是当老板的人，不拿年薪也不丢人，但是高管工资拿低了就很丢人。如果他不是大股东，那他就一定要拿高年薪，否则你无法留住他。

不用高管，用年轻人

贺宇：我的公司已经上市 5 年了，要落实裂变式创新，要把这些高管人员变成股东。

宗毅：不能用那些人！

贺宇：不能用哪些人？

宗毅：原则上要用高管之下的人，因为高管是既得利益者，已经没必要去冒这个险了，这就是为什么资产阶级的革命是不彻底的，无产阶级才有革命的动力。要用那些跃跃欲试，但是在原有上市公司中利益不大的人，那些人才够年轻。原有的高管我觉得不合适。我们公司升职上来的都是哪些人呢？都是那些大概二十七八岁，能力强却一直没机会的。你得找有理想的人，他们跟福利是没有关系的。

老大要有权威，有些声音可以不听

贺宇：很有借鉴意义，现在想去试试，但是现在瞻前顾后，确实要思考很多的东西。

宗毅：你们有一个最大的问题就是总想着结果。今天这个时代，不要想结果只讲问题，结果让别人去想。你就说我现在要做这件事情，谁敢跳出来？

贺宇：试过。

宗毅：结果怎么样？

贺宇：试过，但有来自不同方面的声音。

宗毅：不要去听那些声音。你知道我当时是怎么干的吗？我当时一句话就把这些声音全都压死了。我当时说，每一个部门级以上经理必须投，如果不投当场撤职。不要跟我废话，你在公司有没有这样的权威？

贺宇：有这个权威。

宗毅：那就行。办法总比问题多，只要你告诉我问题在哪里，就一定能有解决方案。就是说你要有这种坚定的信心，而且种玩儿法很有意思，你不觉得很有意思吗？

导师说 —— 宗　毅

利益共享的公司不太需要监管。如果团队给你赚 100 万，分给他们 60 万，自己拿 40 万。那么不用你管，这个雪球也会越滚越大。只是，你舍得吗？聪明的老板不会跟员工谈理想和情怀，直接谈钱，不伤感情。

没有传统的企业，只有传统的老板。如果你的企业转型失败，就是你自己的问题。给大家一个建议：放下你的公司，让年轻人来做，给他们机会帮他们成长，然后你们走得远一点，这样他们才能真正地成长，企业才有希望。